第3次改訂版

昇任試験
地方自治法
精選問題集

加藤敏博・齋藤陽夫
〈共著〉

公職研

はじめに

　この問題集は、昇任試験の勉強をする皆さんが、地方自治法を中心とする地方自治制度について、必要な知識を確実かつ効率的に習得することができることを目的に作成したものです。

　この問題集の特徴は、次の点です。

・**項目**　出題される可能性がある分野を網羅的に勉強することができるように、地方自治制度に関するほぼ全ての分野をピックアップしています。ただし、項目によって出題の頻度が異なるため、出題の頻度に応じて、(重要度 ★)〜(重要度★★★)を付しています。これにより、重要度の高い項目から勉強するなど、メリハリをつけて勉強をすることをお勧めします。

・**問題**　全て五肢択一で正しいものを選択する形式としています。選択肢のそれぞれについて誤りを確認するこの形式が、知識を習得する上で最もふさわしいからです。また、選択肢は、過去に出題された問題を分析した上で、基本的な事項を中心に、必要な知識を確認するものを厳選しています。ただし、重要な項目では、難度のある問題も出題されているため、そういった項目では発展問題も出題しています。

・**解説**　どこが間違っているか、どこに注意が必要かのポイントをコンパクトに記述し、条文等の根拠を示しています。

・ **Point Check!**　その項目で押さえるべきポイントを整理しています。問題を解いた後でこれを確認することで、知識を定着させることができます。また、試験の直前の短い時間にここを見直すことで効率的な復習ができます。

　必要な知識を確認する問題を解いた上で、解説を読んで理解し、その上でポイントを覚える、すなわち、「解く」⇒「理解する」⇒「覚える」というこの一連の作業が、必要な知識を確実かつ効率的に習得する上で大切です。

　なお、この問題集の内容は、令和 5 年 4 月 1 日時点の地方自治法に基づくものです。

　この問題集を勉強することで、皆さんが目標を達せられることを願っています。

加藤敏博
齋藤陽夫

※　法律の略称について

・合併特例法　　　　市町村の合併の特例に関する法律
・行組法　　　　　　国家行政組織法
・公選法　　　　　　公職選挙法
・施行令　　　　　　地方自治法施行令
・地教行法　　　　　地方教育行政の組織及び運営に関する法律
・地公企法　　　　　地方公営企業法
・地公法　　　　　　地方公務員法
・地方独法法　　　　地方独立行政法人法

目次

第8章　給与・財務

第9章　国と普通地方公共団体との関係及び普通地方公共団体相互間の関係

第10章　大都市等の特例・特別地方公共団体等

重要度

【問１】地方自治の意義と本旨　　重要度　★★

■**地方自治の意義と本旨に関して、正しいものはどれか。**

1　地方自治は、地方公共団体が国家の統治権とは別個に固有の権利として自治権を有していることを根拠としているから、この権能はたとえ法律によっても制限することはできない。

2　地方公共団体の存立及び自治権は、国の統治権に由来し、国の委任ないし承認に基づき認められるから、地方公共団体に関する事項は、立法政策の問題として国会の裁量に委ねられている。

3　地方自治は、その本旨に基づいて行われることが憲法に定められており、地方自治の本旨とは、一般に、住民自治と団体自治とを意味するとされている。

4　地方自治は、地域団体がその地方を自ら治めるものであるから、国の権能が集中している中央としての首都の区域では、本来地方自治は認められない。

5　憲法上の地方公共団体は、地方自治の基本的権能を付与された地域団体を広く指し、都道府県及び市町村のほか、特別地方公共団体がこれに含まれる。

【問1】 地方自治の意義と本旨 　　　　　　　　　　　正解：3

1：✕　記述は、いわゆる固有権説であるが、地方自治の根拠はあく
　まで憲法に基づくものであり、また、主権の単一・不可分性等と整
　合しない等の批判がある。
2：✕　記述は、いわゆる承認説・伝来説であるが、憲法は、立憲民
　主制の維持という視点に立ち、統治構造の不可欠の一部として設け
　たものである等の批判がある。
3：○　記述のとおり。
4：✕　地方自治は、国全体で等しく認められることが原則で、首都
　やいわゆる中央であっても同様である。
5：✕　憲法上の地方公共団体は、事実上住民が経済的文化的に密接
　な共同生活を営み、共同体意識を持っているという社会的基盤が存
　在し、沿革的にも、現実の行政上も、相当程度の地方自治の基本的
　権能を付与された地域団体であることを要する（昭38・3・27最
　判）とされ、特別地方公共団体は、これに該当しないと解されてい
　る。また、都道府県を廃止して市町村のみとすることはできないと
　する説が有力である。

Point Check!

□地方自治は、その権限が国家から独立して認められるもの（固有権
　説）でも、国の委任又は承認により政策的に認められるもの（承
　認・伝来説）でもなく、憲法を基本とする国の法制度の下で保障さ
　れるもの（制度的保障説）である。
□地方自治の本旨とは、住民自治（自治を行う団体の意思決定がその
　住民の意思に基づくこと）及び団体自治（その団体が自主的な意思
　決定とこれに基づく運営とを行うこと）をいう。
□憲法上の地方公共団体は、普通地方公共団体と解されている。

【問2】憲法に定める地方自治　　　　　　　　　重要度　★

■**憲法に定める地方自治に関して、正しいものはどれか。**

1　憲法は、地方公共団体の組織及び運営に関する事項は、地方自治の本旨に基づいて、法律の定めるところに従い、条例で定めると規定している。

2　憲法は、地方公共団体には、議事機関として議会を設置すると規定しており、議会に代えて、選挙権を有する者の全員によって組織する会議を設けることはできない。

3　憲法は、地方公共団体の長及び議会の議員は、その地方公共団体において選挙すると規定しており、地方公共団体の長を議会が選挙する制度を設けることも可能である。

4　憲法は、地方公共団体は、法律の範囲内で条例を制定することができると規定しており、この条例には、地方自治法上の条例のほか、規則等の自主法が含まれる。

5　憲法は、一の地方公共団体の地域のみに適用される特別法は、その住民投票においてその過半数の同意を得なければ、国会は制定することができないと規定している。

【問2】 憲法に定める地方自治　　　　　　　　　　　正解：4

1：✕　地方公共団体の組織及び運営に関する事項は、条例ではなく、法律で定める（憲法92条）。

2：✕　記述のような会議は、より強く住民の意識を代表する機関であり、そのような制度を設けることは、憲法（93条1項）に違反するものではない。町村は、条例で、議会を置かず、選挙権を有する者の総会（町村総会）を設けることができる（94条）。

3：✕　地方公共団体の長及びその議会の議員は、その地方公共団体の住民が、直接これを選挙する（憲法93条2項）。

4：○　憲法上は、広く地方公共団体の自主立法権によって制定される自主法を総称して条例（広義）という。

5：✕　「一の地方公共団体の地域のみ」ではなく、「一の地方公共団体のみ」と規定されており(憲法95条)、特定の地方公共団体の組織、機能、運営を規律する法律だけが、住民投票において過半数の同意を必要とすると解されている。

Point Check!

□地方公共団体の組織及び運営に関する事項は、地方自治の本旨に基づいて、法律で定める。

□地方公共団体に、議事機関として議会を置き、地方公共団体の長、議会の議員及び法律で定める吏員は、住民が直接選挙する。ただし、町村総会の設置も認められる。

□地方公共団体は、財産管理、事務処理、行政執行の権能を有し、法律の範囲内で条例（広義）を制定することができる。

□地方特別法（特定の地方公共団体の権能、組織・運営を規律する法律）は、住民投票で過半数の同意がなければ国会は制定することができない。

【問3】地方公共団体の意義 重要度 ★★

■地方公共団体の意義に関して、正しいものはどれか。

1 一般的に、地方公共団体とは、国の一定の地域において存在し、その地域内に住所を有する全ての者を構成員とし、その地域内において、公共の福祉の実現のためにその地域内の事務を処理する権限を有する法人をいう。

2 憲法上、地方公共団体は、沿革的にも現実の行政の上においても地方自治の基本的権能を付与された地域団体であると解されているが、その住民が経済的文化的に密接な共同生活を営み、共同体意識を持っているという社会的基盤が存在することまでは必要とされない。

3 地方公共団体は、国家から独立した法人格を有し、また、自らの意思と責任を持って活動をするものであることから、地方公共団体が我が国の統治機構の不可欠の要素を成すものであるとはいえない。

4 地方公共団体は、法人とされているが、自己の名において活動をすることはできず、その活動は、法人たる地方公共団体を代表する機関である長の名で行わなければならない。

5 地方公共団体は、ときには、自治体又は地方自治体という名称でも呼ばれており、これらの名称は、具体的な法律の条文においても使用されている。

解答と解説

【問3】 地方公共団体の意義   正解：1

1：○　一般的な地方公共団体の形式的要件としては、①一定の地域
　という場所的・空間的要素、②地域内に住所を有する者で構成する
　という人的要素、③その地域内で事務を処理する権限を有する法人、
　の3つが挙げられる。

2：✕　地方自治の基本的権能のほか、住民が経済的文化的に密接な
　共同生活を営み、共同体意識を持つという社会的基盤が存在するこ
　とも、憲法上の地方公共団体の実質的要件とされている（昭38・
　3・27最判）。

3：✕　地方公共団体は、我が国の統治機構の不可欠の要素を成すも
　のであるとされている（平7・2・28最判）。

4：✕　地方公共団体は、法人とされ（2条1項）、自己の名におい
　て活動することができる。

5：✕　「自治体」又は「地方自治体」は、法令用語ではない。

 Point Check!

□一般的に、地方公共団体の意義としては、形式的要件（場所的・空
　間的要素、住民という人的要素、事務処理権限を有する法人）と、
　実質的要件（住民の経済的・文化的・社会的基盤の存在、沿革的・
　現実における地方自治の基本的権能の付与された地域）が挙げられ
　る。

□地方公共団体は、我が国の統治機構の不可欠の要素を成すものであ
　るとされている。

【問4】地方公共団体の種類 　　　　　　　　重要度 ★

■地方公共団体の種類に関して、正しいものはどれか。

1 地方自治法上、地方公共団体は、一般的・普遍的な地方公共団体である普通地方公共団体と、目的・組織・事務・権能等がこれとは異なる特別な性格を持つ地方公共団体である特別地方公共団体とに分けられる。

2 地方自治法は、普通地方公共団体を市町村、郡、都道府県の3段階8種類に区分しており、このうち、市町村及び都道府県が憲法上の地方公共団体に該当する。

3 普通地方公共団体は、全て法人格を有しているが、特別地方公共団体は、特別区を除き、法人格が付与されていない。

4 地方自治法上の特別地方公共団体としては、特別区のほか、地方公共団体の組合、広域連合及び財産区の合計4種類が設けられている。

5 特別区は、特別地方公共団体であることから、普通地方公共団体である市町村とは異なり、基礎的な地方公共団体とは位置付けられていない。

【問4】 地方公共団体の種類　　　　　　　　　　　　　　正解：1

1：○　記述のとおり（1条の3第1項）。

2：✕　普通地方公共団体は、市町村及び都道府県の2段階7種類に区分される（1条の3第2項）。なお、郡は、都道府県の区域のうち、市の区域以外についての単なる地域の行政区画又は地理的な名称に過ぎないとされる。

3：✕　地方公共団体は、全て法人とされる（2条1項）。

4：✕　特別地方公共団体は、特別区、地方公共団体の組合及び財産区の3種である（1条の3第3項）。広域連合は、組合の一種とされる。

5：✕　特別区は、「基礎的な地方公共団体」とされている（281条の2第2項）。

Point Check!

□地方自治法上は、地方公共団体は、普通地方公共団体（市町村と都道府県）と特別地方公共団体（特別区、地方公共団体の組合及び財産区）とに分けられている。

□地方公共団体は、普通地方公共団体も、特別地方公共団体も、法人である。

【問5】都道府県と市町村

■都道府県と市町村に関して、正しいものはどれか。

1　都道府県は、市町村を包括する広域的な地方公共団体という性格が共通しているが、都、道、府、県のそれぞれの権能には若干の違いがある。

2　都道府県はいずれも沿革的に決まっており、それぞれに要件が定められているわけではない。したがって、現在ある東京都、北海道、京都府及び大阪府以外の都、道、府が置かれることは法律上あり得ない。

3　市町村は、基礎的な地方公共団体で、市、町、村は、その規模などによって名称が異なるが、その性格に違いはない。

4　市となるべき要件は、原則として人口5万以上、中心市街地にある戸数が全戸数の6割以上、都市的業態に従事する者とその世帯に属する者とが全人口の6割以上などであるが、これは市として存続するのに必要な要件でもある。

5　町となるべき要件は、その都道府県の条例で定めるが、村を町とし、又は、町を村とする処分は、その町村が議会の議決を経て総務大臣に届け出、総務大臣がこれを決定する。処分の効力は総務大臣の告示によって生ずる。

【問5】 都道府県と市町村　　　　　　　　　　　　　　　正解：**3**

1 ：**✕**　都については特別区の制度（281条以下参照）、道については支庁出張所の設置（155条）があるが、府県の間に違いはない。

2 ：**✕**　現在置かれているもの以外の都、道、府が置かれることは、法律的にあり得ないわけではない。いずれも都道府県の名称変更になるので法律が必要となる（3条2項）。なお、関係都道府県の申請による合併の場合には、内閣が国会の議決を経て定める処分による（6条の2）。

3 ：**○**　市町村は基礎的な地方公共団体であり（2条3項）、それぞれに違いがあるわけではない。ただし、処理する事務について扱いを異にする場合はある。

4 ：**✕**　市となるべき4要件（8条1項）は、存続要件ではない。

5 ：**✕**　町となるべき要件は都道府県条例で定める（8条2項）。村を町とし、町を村とする処分は、その町村が議会の議決を経て知事に申請し、知事が都道府県議会の議決を経て決定する。決定したときは、直ちに総務大臣に届け出、総務大臣がその旨を告示して、国の行政機関の長に通知する。効力は告示により生ずる（8条3項、7条1・6〜8項）。

Point Check!

□ 市町村は基礎的な地方公共団体、都道府県は市町村を包括する広域の地方公共団体で、これは二層制といわれる。

□ 町村を市とし、又は市を町村とする処分も、村を町とし、又は町を村とする処分も、市町村が都道府県知事に申請し、知事が都道府県議会の議決を経てこれを定める。ただし、市に関しては、知事はあらかじめ総務大臣に協議してその同意を得なければならない。

【問6】地方公共団体の名称・区域　　　重要度　★★

■地方公共団体の名称・区域に関して、正しいものはどれか。

1　都道府県の名称を変更するには、法律で定めなければならない。この法律は、一の地方公共団体のみに適用される特別法に該当するかどうかが問題となるが、実質的にその組織・運営に影響を与えるものではないから、これには該当せず、住民投票を要しないと解されている。

2　都道府県の廃置分合・境界変更は、関係都道府県の申請に基づき、内閣が国会の承認を経て定める。この申請は、その都道府県の議会の議決を経て、総務大臣を経由して行う。

3　市町村の名称の変更は、その市町村の条例で定める。ただし、あらかじめ都道府県知事に協議しなければならず、また、その条例の制定改廃をしたときは、都道府県知事に変更後の名称と変更日を報告しなければならない。

4　市町村の廃置分合・境界変更は、原則として、関係市町村の条例でこれを定める。ただし、市の廃置分合をしようとするときは、あらかじめ都道府県知事に協議し、その同意を得なければならない。

5　都道府県の境界にわたる市町村の設置を伴う市町村の廃置分合・境界変更は、関係都道府県の協議に基づき、関係都道府県の条例でこれを定める。この場合、都道府県の境界は、自ら変更することになる。

【問6】 地方公共団体の名称・区域　　　　　　　　　　　正解：3

1：✗　都道府県の名称変更は、法律による（3条2項）。この法律
　は、いわゆる地方特別法（憲法95条）に該当し、住民投票で過半数
　の同意が必要と解されている。

2：✗　都道府県の廃置分合・境界変更は、原則として、法律で定め
　る（6条1項）。

3：○　記述のとおり（3条3～5項）。

4：✗　市町村の廃置分合・境界変更は、原則として、関係市町村の
　申請に基づき、都道府県知事が都道府県議会の議決を経てこれを定
　め、直ちに総務大臣にこの旨を届け出る。市の廃置分合については、
　都道府県知事はあらかじめ総務大臣に協議してその同意を得なけれ
　ばならない（7条1・2項）。

5：✗　都道府県の境界にわたる市町村の設置を伴う市町村の廃置分
　合・境界変更は、関係地方公共団体の申請に基づいて総務大臣が定
　める（7条3項）。都道府県の境界にわたって市町村の設置・境界
　変更があったときは、都道府県の境界も自ら変更される（6条2項
　前段）。

Point Check!

□地方公共団体の名称と区域は、従来の名称と区域とするとして、こ
　れまでのものを継承するのが原則である。

□都道府県の廃置分合・境界変更については、法律（地方特別法）で
　定めるのが原則である。ただし、2以上の都道府県の廃止による1
　の都道府県の設置と、1の都道府県の廃止とその区域の他の1の都
　道府県への編入は、関係都道府県の申請に基づいて、内閣が国会の
　承認を経て定めることができる特例がある。

【問7】市町村合併

重要度　★

■**市町村合併に関して、正しいものはどれか。**

1　都道府県知事は、市町村の規模が適正でないと認めるとき
　　は、市町村の廃置分合又は境界変更の計画を定め、これを
　　関係市町村に勧告することができる。

2　都道府県知事の勧告に基づく市町村の廃置分合又は境界変
　　更については、地方の自主性・自立性の観点から、国の関
　　係行政機関がその促進のための措置を講じることはない。

3　市町村の合併の特例に関する法律は、市町村がその規模の
　　適正化を図ることを恒常的に支援するために制定されたも
　　のであるから、有効期限の定めは置かれていない。

4　市町村の合併の特例に関する法律における「市町村の合併」
　　とは、2以上の市町村の区域の全部又は一部をもって市町
　　村を置くことで市町村の数の減少を伴うものをいい、他の
　　市町村の区域を編入することは含まれない。

5　市町村の合併に際して、合併後の一定期間、関係市町村の
　　区域に設けることができる合併特例区は、特別地方公共団
　　体であり、法人格を有している。

【問7】 市町村合併 正解：5

1 ：✕ 都道府県知事による計画の策定・勧告は、市町村がその規模の適正化を図るのを援助するために行われる（8条の2第1項）。

2 ：✕ 都道府県知事の勧告に基づく市町村の合併等については、国の関係行政機関は、これを促進するため必要な措置を講じなければならない（8条の2第6項）。

3 ：✕ 市町村の合併の特例に関する法律の目的には「当分の間の措置」（合併特例法1条）と明記されており、令和12年3月31日までの有効期限が定められている（合併特例法附則2条1項）。

4 ：✕ 他の市町村の区域の全部又は一部を編入することで市町村の数の減少を伴うものも「市町村の合併」とされる（合併特例法2条1項）。

5 ：〇 記述のとおり。合併特例区は、特別地方公共団体であり（合併特例法27条）、法人格を有する（2条1項）。

Point Check!

□地方公共団体の区域の変更には、「廃置分合」と「境界変更」の2種類がある。

□廃置分合には、①分割、②分立、③合体、④編入の4種類がある。これらのいずれの場合においても、地方公共団体の廃止・設置により、法人格の消滅・発生のいずれか又はその双方を同時に伴うことになる。

□境界変更は、法人格の変動を伴わずに、地方公共団体の区域のみが変わる場合である。

【問 8 】地方公共団体の事務　　　重要度　★★

■地方公共団体の事務に関して、正しいものはどれか。

1　地方公共団体は、住民の福祉の増進を図ることを基本として、地域における行政を自主的かつ総合的に実施するとともに、住民の福祉に関係する国の事務を管理し、執行する役割を広く担うものとする。

2　普通地方公共団体は、地域における事務及びその他の事務で法律又はこれに基づく政令により普通地方公共団体の長が国の機関として処理することとされた事務を処理する。

3　地方公共団体に関する法令の規定は、地方自治の本旨に基づいて、かつ、国と地方公共団体との適切な役割分担を踏まえて、これを解釈・運用するようにしなければならない。

4　地方公共団体の事務は、その地方公共団体が自主的かつ自立的に処理するものとし、法律又はこれに基づく政令によりその処理を義務付けることはできない。

5　地方公共団体は、法令に違反してその事務を処理してはならないが、違反して行った地方公共団体の行為が無効となるわけではない。

【問8】 地方公共団体の事務　　　　　　　　　　　　　　　正解： 3

1 : ✕　前半は正しいが（1条の2第1項）、地方公共団体に、国の事務を管理し、執行する役割はない。

2 : ✕　普通地方公共団体の長が国の機関として処理する事務（機関委任事務）は、平成11年の地方分権一括法により廃止された（2条2項）。

3 : ◯　記述のとおり（2条12項前段）。

4 : ✕　国は、地方公共団体に関する制度の策定・施策の実施に当たって、地方公共団体の自主性・自立性が十分に発揮されるようにしなければならないが（1条の2第2項）、法律又はこれに基づく政令により地方公共団体に事務の処理を義務付けることができるわけではない。

5 : ✕　地方公共団体の法令違反の行為は、無効とされる（2条17項）。

Point Check!

□地方公共団体の事務処理の原則には、次のようなものがある。
　①役割の原則：住民福祉の増進、地域行政の自主的・総合的実施
　②国との役割分担の原則：国は本来果たすべき役割を重点的に担い、住民に身近な行政はできる限り地方公共団体に委ねる。地方公共団体の自主性・自立性の発揮
　③法令の解釈・運用：地方自治の本旨に基づき、適切な役割分担を踏まえる
　④最少の経費・最大の効果の原則
　⑤組織運営の合理化・規模適正化の原則
　⑥法令順守義務
□地方公共団体の処理する事務は、①地域における事務と、②その他の事務で法律又はこれに基づく政令により処理することとされるもの、である。

【問9】都道府県と市町村の事務　　　　重要度　★

■都道府県の事務と市町村の事務に関して、正しいものはどれか。

1　市町村は、都道府県が市町村を包括する地方公共団体として行政運営上統一的かつ一体的に処理することが必要な事務を除き、一般的に、普通地方公共団体の事務を処理する。

2　市町村は、都道府県が処理するものとされている事務のうち、その規模又は性質において一般の市町村が処理することが適当でないと認められる事務については、その規模及び能力に応じて処理することができる。

3　市町村は、その事務を処理するに当たっては、議会の議決を経てその地域における総合的かつ計画的な行政の運営を図るための基本構想を定め、これに即して行うようにしなければならない。

4　第2号法定受託事務とは、都道府県が本来果たすべき役割に係る事務で、法律若しくはこれに基づく政令又は都道府県の条例により市町村が処理することとされる事務をいう。

5　都道府県と市町村は、前者が後者を包括する関係にあるから、市町村は、その事務を処理するに当たっては、都道府県の行う事務に競合しないようにしなければならない。

【問9】 都道府県と市町村の事務　　　　　　　　　　正解：2

1：✕　市町村は、都道府県が処理するものとされる広域事務、連絡
　調整事務、補完事務の3種の事務以外の事務を一般的に処理する
　（2条2・3項）。

2：○　記述のとおり（2条4項）。

3：✕　記述のような地方自治法の規定は、地方公共団体に対する義
　務付けを廃止するため、平成23年改正により削られた。

4：✕　第2号法定受託事務とは、法律又はこれに基づく政令により
　市町村又は特別区が処理することとされる事務のうち、都道府県が
　本来果たすべき役割に係るものであって、都道府県においてその適
　正な処理を特に確保する必要があるものとして法律又はこれに基づ
　く政令に特に定めるものをいう（2条9項2号）。

5：✕　都道府県と市町村は、基本的には対等・協力の関係にあるか
　ら、その事務を処理するに当たっては、相互に競合しないようにし
　なければならない（2条6項）。

Point Check!

□都道府県と市町村の事務については、次のような原則がある。
　①市町村は、基礎的な地方公共団体として、都道府県が処理すべき
　　事務を除き、一般的に、地方公共団体の事務を処理する。
　②都道府県は、広域事務、市町村の連絡調整事務、補完事務を処理
　　する。補完事務は、市町村もその規模・能力に応じて処理できる。
　③相互に競合しないようにする。

【問10】 自治事務と法定受託事務　　　　　　　重要度　★★

■**地方公共団体の事務に関して、正しいものはどれか。**

1　地方公共団体の処理する自治事務は、法定受託事務以外の地方公共団体の事務であるから、法律又はこれに基づく政令によりその実施を義務付けられることはない。

2　第1号法定受託事務は、国が本来果たすべき役割に係る事務であって、国においてその適正な処理を特に確保する必要があるものとして法律又はこれに基づく政令に特に定めるものを、都道府県、市町村又は特別区に処理させるものであるから、地方公共団体の事務ではない。

3　地方公共団体は、自治事務については法令に違反しない限りにおいて条例を定めることができるが、法定受託事務については法令に特に個別に委任する旨の規定がない限り、条例を定めることができない。

4　自治事務については、地方公共団体の議会は検査や調査を行い、また、監査委員は財務監査も行政監査も行うことができるが、労働委員会又は収用委員会の権限に属する一定の事項は、その対象から除かれる。

5　法定受託事務については、地方公共団体の議会は検査や調査を行うことができず、また、監査委員は財務監査を行うことができるが、行政監査を行うことはできない。

【問10】 自治事務と法定受託事務　　　　　　　　　　　正解：4

1：✗　自治事務であっても、法律又はこれに基づく政令により処理を義務付けられるものがある。

2：✗　法定受託事務は、第1号・第2号の別にかかわらず、地方公共団体が処理することとされるものであり、その地方公共団体の事務であることに変わりはない（2条2・9項参照）。

3：✗　法定受託事務も地方公共団体の事務である以上、原則として条例制定権の対象となる（14条参照）。

4：〇　記述のとおり。自治事務のうち、労働委員会・収用委員会の権限に属する一定の事務は、議会の検査・調査及び監査委員の監査の対象から除かれる（98条、100条、199条）。

5：✗　法定受託事務は、議会の検査・調査及び監査委員の監査の対象になる。ただし、国の安全を害するおそれがあることその他の事由により、議会の検査・調査あるいは監査委員の監査の対象とすることが適当でない一定の事項は、除かれる（98条、100条、199条）。

Point Check!

□地方公共団体の事務は、自治事務と法定受託事務に分けられる。

□法定受託事務は、法律・これに基づく政令により地方公共団体が処理することとされる事務のうち、国が本来果たすべき役割に係るもの（第1号）又は都道府県が本来果たすべき役割に係るもの（第2号）で、国（第1号）又は都道府県（第2号）においてその適正な処理を特に確保する必要があるものとして特に法律・これに基づく政令で定める事務である。

□自治事務は、地方公共団体が処理する事務で法定受託事務以外のものである。

【問11】 憲法と条例制定権　　　　　　　　重要度　★★

■憲法と条例制定権に関して、正しいものはどれか。

1　憲法には、地方公共団体は、法律の範囲内で条例を制定することができると規定されているから、一般に、地方自治法の規定に基づいて条例を制定することができると解されている。

2　憲法には、地方公共団体は、法律の範囲内で条例を制定することができると規定されているから、法律に矛盾抵触する条例の規定は、無効となる。

3　憲法には、財産権の内容は、公共の福祉に適合するように法律で定めると規定されているから、一般に、法律の根拠なく、条例により住民の財産権を制限する事項を定めることはできないと解されている。

4　憲法には、租税を課すには、法律又は法律の定める条件によることを必要とすると規定されているが、一般に、法律の根拠なく、条例により新たに地方税を課すことができると解されている。

5　憲法には、何人も、法律の定める手続によらなければ刑罰を科せられないと規定されているから、一般に、条例に罰則を定めるには、個別の法律における委任が必要であると解されている。

【問11】 憲法と条例制定権　　　　　　　　　　　　　　　　　正解：2

1：✕　条例は、地方自治の本旨に基づき、憲法94条により、直接地方公共団体に制定する権能が認められた自治立法であると解されている（昭37・5・30最判）。

2：○　憲法94条の規定から当然の帰結である。

3：✕　①法律の範囲内における限り条例で住民の財産権を規制できるとする説と、②法律の委任がない限り条例で財産権を規制できないとする説があり、判例（昭38・6・26最判）は、①の説を前提にしており、通説も同じである。

4：✕　地方公共団体の課税権は、国の課税権の一部を分与されたもので、法律上の根拠を必要とすると解されており、地自法に、「法律の定めるところにより、地方税を賦課徴収することができる」（223条）と規定されている。

5：✕　罰則を設けることは、①住民を代表する議会が制定する法規範であり、法律の委任を要しないとする説、②地方自治法による委任（14条3項）があるために可能とする説、③条例の実効性の担保のために可能とする説等があり、判例（昭37・5・30最判）は、①ないし②の説によっている。

Point Check!

□条例制定権は、憲法94条を直接の根拠に、地方自治権の内容として認められ、法律の根拠を要しない。

□条例は、①義務を課し、又は権利を制限することができ、②地自法の定めるところにより罰則を設けることができ、③法律の定めるところにより、地方税を賦課徴収することができる。

【問12】 条例 (1)　　　　　　　　　　重要度★★★

■条例に関して、正しいものはどれか。

1　条例とは、普通地方公共団体において住民を代表する議事
　　機関である議会が制定する法規範であって、普通地方公共
　　団体における唯一の自主法である。

2　条例は、原則として、その普通地方公共団体の区域にある
　　か否かを問わず、その住民に対して適用され、住民以外の
　　者については、特に規定しない限り適用されない。

3　普通地方公共団体の議会は、条例を制定することができる
　　が、住民に義務を課し、又はその権利を制限するのは、法
　　律に特別の定めがある場合に限られる。

4　条例は、その普通地方公共団体の事務のうち、法定受託事
　　務については、その事務について定める法律又は政令に特
　　に定める事項に限り、これを定めることができる。

5　条例には、条例に違反した者に対し、懲役、禁錮、罰金、
　　拘留、科料又は没収の刑を科する旨の規定を設けることが
　　できるほか、過料を科する旨を定めることができる。

【問12】条例（1）　　　　　　　　　　　　　　　　　　正解：5

1：✕　前半は、正しいが、地方公共団体の自主法には、地方公共団体の長又は委員会が定める規則その他の規程もある。

2：✕　条例は、原則として、その地方公共団体の区域内においてその効力を有し、その住民であるか否かを問わず、効力が及ぶ（昭29・11・24最判）。

3：✕　義務を課し、又は権利を制限するには、法令に特別の定めがある場合を除くほか、条例によらなければならない（14条2項）。

4：✕　条例は、その地方公共団体の事務（2条2項）に関し、制定することができる（14条1項）。

5：○　条例には、2年以下の懲役若しくは禁錮、100万円以下の罰金、拘留、科料又は没収の刑のほか、5万円以下の過料を科する旨の規定を設けることができる（14条3項）。

Point Check!

□条例（狭義）は、地方公共団体の議会によって制定される自主立法。憲法上の条例（広義）は、地方公共団体の規則及び委員会の規則その他の規程を含む。

□条例は、その普通地方公共団体の事務に関して、制定することができる。

□条例は、原則として、その地方公共団体の区域内において、住民であるか否かを問わず、効力を有する。

□義務を課し、又は権利を制限するには、法令に特別の定めがある場合を除き、条例によらなければならない。

□法令に特別の定めがあるものを除き、条例中に、条例に違反した者に対し、懲役、禁錮、罰金、拘留、科料若しくは没収の刑又は過料を科する旨の規定を設けることができる。

【問13】 条例 （2）

重要度★★★

■条例に関して、正しいものはどれか。

1 普通地方公共団体は、法律に違反しない限りにおいて、条例を制定することができるが、政令その他の命令については、議会が定める法規範である条例が優越する。

2 特定の事項について規律する法律と条例とが併存する場合には、たとえ両者の趣旨や目的が異なるものであっても、条例が法律に違反することになる。

3 条例が法律に違反するかどうかは、法律と条例の対象としている事項及び規定の文言のみを対比して、両者に矛盾抵触があるか否かを形式的に判断する必要がある。

4 法律において規定されていない事項については、その事項が普通地方公共団体の事務に属するものである限り、条例で規定することについて制限はない。

5 市町村及び特別区の条例は、当該都道府県の条例に違反するものであってはならず、これに違反する条例は、無効となる。

【問13】 条例 （2）   正解： 5

1 ：✕　政令その他の命令は、法律を実施するため、又は法律の委任
　に基づいて制定されるから、法律に違反しないためには、政令その
　他の命令に違反しないことが必要である。

2 ：✕　記述の場合に、条例が法令とは別の目的に基づく規律を意図
　するもので、その適用によって法令の規定の意図する目的と効果を
　何ら阻害しないときは、国の法令に違反しない（昭50・9・10最判）。

3 ：✕　条例が国の法令に違反するかどうかは、両者の対象事項と規
　定文言を対比するのみでなく、それぞれの趣旨、目的、内容及び効
　果を比較し、両者の間に矛盾抵触があるか否かによって決する（昭
　50・9・10最判）。

4 ：✕　法令の規定がないことが、その事項について条例による規律
　を排除する趣旨であるときは、その事項について条例で規定するこ
　とは、法令に違反する。

5 ：○　市町村及び特別区は、当該都道府県の条例に違反してその事
　務を処理してはならないことから（2条16項）、市町村及び特別区
　の条例も都道府県の条例に違反してはならない。

Point Check!

□条例は、法令（法律及び政令その他の命令）に違反してはならず、
　違反する場合は無効となる。

□条例が法令に違反するか否かは、両者の対象事項と規定文言を対比
　するだけではなく、それぞれの趣旨、目的、内容及び効果を比較し、
　両者の間に矛盾抵触があるかどうかを判断する（目的・効果基準）。

□市町村・特別区の条例は、都道府県の条例に違反できない。

【問14】 規則

■普通地方公共団体の規則に関して、正しいものはどれか。

1 普通地方公共団体の規則は、法律若しくはこれに基づく命令又は条例の規定に基づき、又はこれらの法令を実施するために制定される法規範である。

2 普通地方公共団体の長は、その普通地方公共団体の事務であれば、必ずしもその権限に属する事務に限らず、規則を制定することができる。

3 義務を課し、又は権利を制限するには、条例によらなければならないが、そのような条例において義務や権利の細目について規則に委任することはできる。

4 普通地方公共団体の長は、法令又は普通地方公共団体の条例に違反しない限りにおいて、規則を定めることができる。

5 普通地方公共団体の規則には、法令に特別の定めがある場合を除き、規則に違反した者に対し、その制裁としての罰則を設けることはできない。

【問14】 規則   正解：3

1：**✕**　規則は、普通地方公共団体の長が制定する自主法であり、記述のような制限はない。

2：**✕**　普通地方公共団体の長が規則を制定することができるのは、その権限に属する事務に関してだけである（15条1項）。

3：**○**　一般的に、条例において細目を規則に委任することは可能であり、義務を課し、又は権利を制限する場合でも、その趣旨に反しない範囲内では委任することが可能と解されている。

4：**✕**　普通地方公共団体の長は、法令に違反しない限りにおいて規則を制定することができる（15条1項）。

5：**✕**　法令に特別の定めがあるものを除き、規則中に、規則に違反した者に対し5万円以下の過料を科する旨の規定を設けることができる（15条2項）。過料は、刑罰ではないが、行政上の秩序維持のために違反者に対して科す制裁（秩序罰）である。

Point Check!

□規則（狭義）は、普通地方公共団体の長が制定する自主法。規則（広義）は、規則（狭義）のほか、委員会又は議会の定める規則を含む。

□規則（狭義。以下同じ。）は、①法令に違反しない限りにおいて、②普通地方公共団体の長の権限に属する事務に関し、制定することができる。

□規則には、法令に特別の定めがある場合を除き、規則に違反した者に対し過料を科する旨の罰則を設けることができる。

【問15】 条例と規則　　　　　　　　　　　重要度　★★

■条例と規則に関して、正しいものはどれか。

1　条例は、直接住民から選出される議員によって構成される議事機関である普通地方公共団体の議会が制定する法規範であるから、普通地方公共団体の長の制定する規則に対し、形式的効力において優越する。

2　普通地方公共団体の議会は普通地方公共団体の事務に関して条例を制定し、普通地方公共団体の長はその権限に属する事務に関して規則を制定するから、両者の重なる部分は、条例と規則のいずれも制定することができる。

3　普通地方公共団体の長の権限に属する事務について定める条例と規則との間においてその内容に矛盾があるときは、その事務を処理する権限を有する普通地方公共団体の長が定める法規範である規則が優先する。

4　法令において条例で定めるべき旨が定められている事項については、その条例において細部を規則に委任することや、条例を実施するために規則を制定することはできない。

5　条例制定権の範囲は、その普通地方公共団体の事務の全てに及び、普通地方公共団体の長が法令に基づいて規則を制定する権限を有する事項についても条例を制定することができる。

【問15】 条例と規則

正解： 2

1：✕　条例も規則も、直接住民から選出される機関によって制定されるものであり、その間に形式的効力の優劣はない。

2：○　記述のとおり。ただし、義務を課し、権利を制限するには、原則として、条例で定めなければならない（14条2項）。

3：✕　普通地方公共団体の長の権限に属する事務であっても、その内容が矛盾する条例と規則があるときは、条例が優先すると解されている。

4：✕　法律に対する政令の関係と同じく、条例は、その細目的規定等を規則に委ねることができる。

5：✕　法令において規則で定めるべきとされている事項（152条3項、171条5項等）を条例で定めることはできない。

Point Check!

□議会の制定する条例と長の制定する規則は、形式的効力に優劣はなく、別個に独立した法形式である。

□議会は地方公共団体の事務に関して条例を、長はその権限に属する事務に関して規則を、それぞれ制定することができる。その共通する部分は、条例又は規則のいずれも制定することができる。

□条例と規則が矛盾する場合には、条例が優先すると解されている。

□条例に基本的事項を定め、その細目的規定等を規則に委任することができる。

□法令において条例と規則のいずれにより定めるべきかが規定されている事項については、これと異なる法規範により定めることはできない。

【問16】 条例・規則の制定・公布・施行　　　　重要度 ★★

■条例及び規則の制定・公布・施行に関して、正しいものはどれか。

1　普通地方公共団体の議会の議長が、条例の制定又は改廃の議決の日から３日以内にこれを普通地方公共団体の長に送付しなかった場合は、その議決は、失効する。

2　普通地方公共団体の長は、普通地方公共団体の議会の長から条例の送付を受けた場合には、その日から20日以内に必ずこれを公布しなければならない。

3　条例は、条例に特別の定めがあるものを除き、公布の日から起算して10日を経過した日から施行するが、普通地方公共団体の規則は、公布の日から施行する。

4　条例の公布に関する普通地方公共団体の長の署名、施行期日の特例その他条例の公布に関し必要な事項は、条例で定めなければならない。

5　普通地方公共団体の規則のうち、公布を要するものについては、公布に関する普通地方公共団体の長の署名その他公布に必要な事項は、規則で定める。

【問16】 条例・規則の制定・公布・施行　　　　　　　　正解：4

1 ：✕　議決の日から 3 日以内に普通地方公共団体の長に送付しなければならないが（16条 1 項）、期間内に送付しなかった場合に、議決の効力が失われるわけではない。

2 ：✕　記述の場合には、再議に付すことがあるほか（176条 1・4 項、177条 1 項）、再議による議決に対し審査の申立てができる（176条 5 項）。

3 ：✕　規則も、規則に特別の定めがあるものを除き、公布の日から起算して10日を経過した日から施行する（16条 5 項）。

4 ：○　記述のとおり（16条 4 項）。この条例は、一般に、公告式条例という。

5 ：✕　規則は、必ず公布される。また、規則の公布に関し必要な事項は、法令又は条例に特別の定めがあるときを除き、条例（公告式条例）で定める（16条 5 項）。

 Point Check!

□①議会が条例の制定・改廃の議決をしたときは、議長は、その日から 3 日以内に、長に送付する。②長は、この送付を受けた場合に、再議その他の措置を講じた場合を除き、その日から20日以内に公布（公表して一般人が知り得る状態に置くこと）する。③条例は、条例に特別の定めがあるものを除き、公布の日から起算して10日を経過した日から施行（法令の効力を一般的に発生させること）する。

□地方公共団体の長の署名、施行期日の特例その他条例の公布に関し必要な事項は、条例（公告式条例）で定める。

□①規則、②執行機関が定める規則その他の規程で公表を要するものは、法令又は条例に特別の定めがあるときを除き、条例の公布に準じる。

【問17】 住民の意義・権利義務　　　　　重要度　★★

■**住民の意義・権利義務に関して、正しいものはどれか。**

1　市町村の区域内に住所を有する者は、その市町村の住民であるとともに、その市町村を包括する都道府県の住民でもある。

2　住所を有するとは、その区域内に居住していれば足り、災害避難によって一時的に滞在している場合や長期の出稼ぎで滞在する場合の滞在場所もこれに含まれる。

3　住民は、普通地方公共団体の構成要素であり、住民であるためには、自然人であるとともに、日本国籍を有する者であることを要する。

4　住民は、法律の定めるところにより、その属する普通地方公共団体の役務の提供を等しく受ける権利を有するとともに、その負担を均等に負う義務を負う。

5　住民は、その属する普通地方公共団体の選挙に参与する権利を有するが、具体的には、年齢満18年以上の者で引き続き3月以上同じ住所を有することを要する。

【問17】 住民の意義・権利義務 　　　　　　　　正解：1

1 ：○　市町村の区域内に住所を有する者は、その市町村とこれを包括する都道府県の住民である（10条1項）。

2 ：✕　住所を有するとは、自然人の場合、生活の本拠があることを意味し（民法22条）、災害避難や出稼ぎによる一時的な滞在は含まれない。法人の場合、主たる事務所又は本店の所在地が住所となる。

3 ：✕　住民は、自然人のみならず、法人も含む。また、日本国籍を有するか否かを問わない。

4 ：✕　記述の前半は正しいが、住民は、負担を分任する義務を負い、負担を均等に負うわけではない（10条2項）。

5 ：✕　選挙に参与する権利を有するのは、日本国民たる住民である（11条）。また、引き続き3月以上市町村の区域内に住所を有することを要する（18条）。

Point Check!

□市町村の区域内に住所を有する者は、その市町村及び市町村を包括する都道府県の住民である。

□住民は、日本国民か否かを問わず、自然人のほか法人を含む。

□住民は、法律の定めるところにより、その属する普通地方公共団体の役務の提供を等しく受ける権利を有し、その負担を分任する義務を負う。

□日本国民たる住民（年齢満18年以上で、引き続き3月以上市町村の区域内に住所を有する者）は、その属する普通地方公共団体の選挙に参与する権利を有する。

□市町村は、住民基本台帳法の定めるところにより、その住民につき、住民たる地位に関する正確な記録を常に整備する。

【問18】 直接請求　　　　　　　　　　　　　重要度 ★★

■直接請求に関して、正しいものはどれか。

1　直接請求は、その普通地方公共団体の住民で、日本国民たる年齢満18年以上の者が行うことができ、その総数の一定割合の者の連署をもってすることができる。

2　地方公共団体の区域内で衆議院議員又は参議院議員の選挙が行われることとなるときは、その選挙が行われる区域内では直接請求のための署名を求めることができない。

3　直接請求のための署名運動については、署名運動に関する自由の妨害、公務員等の地位利用による署名運動、署名を収集するための戸別訪問等の行為が禁止されている。

4　直接請求の代表者は、その請求者の署名簿を普通地方公共団体の長に提出して、署名した者が直接請求をすることができる者であることの証明を求めなければならない。

5　直接請求が行われた場合に、これに基づく議会の議決、監査又は投票が行われたときは、その日から一定期間は、これと同じ直接請求をすることはできない。

【問18】 直接請求

正解：2

1：✕　直接請求は、普通地方公共団体の議会の議員及び長の選挙権を有する者、すなわち引き続き３月以上市町村の区域内に住所を有し、選挙人名簿に登録されている者がすることができる（74条１・５項、75条１項、76条１項、80条１項、81条１項、86条１項）。

2：○　記述のとおり。なお、地方公共団体の議会の議員又は長の選挙が行われることとなるときも同じである（74条７項、75条５項、76条４項、80条４項、81条２項、86条４項）。

3：✕　記述のうち、署名を収集するための戸別訪問は、禁止されていない（74条の４第１・５項、75条５項、76条４項、80条４項、81条２項、86条４項）。

4：✕　直接請求の代表者は、署名簿を市町村の選挙管理委員会に提出して、署名押印した者が選挙人名簿に登録された者であることの証明を求めなければならない（74条の２第１項、75条５項、76条４項、80条４項、81条２項、86条４項）。

5：✕　普通地方公共団体の議会の解散並びに議会の議員、長及び主要公務員の解職の請求に限り、投票又は議会の議決の日から一定期間はすることができない（79条、84条、88条）。

Point Check!

□直接請求は、普通地方公共団体の議会の議員及び長の選挙権者（選挙人名簿に登録されている者）がすることができる。

□署名簿は、市町村選挙管理委員会に提出し、署名者が選挙権者であることの証明を受ける。

□署名運動は、運動の自由妨害、署名の偽造・数の増減等、公務員の地位利用等の罪が定められている。

【問19】 条例の制定改廃請求 （1）　　　重要度★★★

■条例の制定改廃請求に関して、正しいものはどれか。

1　条例の制定改廃請求は、選挙権を有する者の総数の50分の
　　1以上の者の連署をもって、その代表者から、普通地方公
　　共団体の長に対して行う。

2　地方税の賦課徴収並びに分担金、使用料及び手数料の徴収
　　に関する条例のうち、これらの額を引き下げることを定め
　　るものに限り、制定改廃請求をすることはできない。

3　普通地方公共団体の長は、条例の制定改廃請求を受理した
　　ときは議会を招集し、これを付議しなければならず、議会
　　が開会中の場合は、閉会後改めて招集する必要がある。

4　普通地方公共団体の議会は、条例の制定改廃請求を受けた
　　日から20日以内にこれを議決し、その結果を代表者に通知
　　するとともに、これを公表しなければならない。

5　普通地方公共団体の議会は、条例の制定改廃請求に係る付
　　議された事件の審議に当たっては、請求の代表者に意見を
　　述べさせなければ、これを議決することができない。

【問19】 条例の制定改廃請求（1）   正解：1

1：〇　記述のとおり（74条1項）。
2：✕　地方税の賦課徴収並びに分担金、使用料及び手数料の徴収に関する条例は、その内容にかかわらず、制定改廃請求の対象とならない（74条1項）。
3：✕　議会が開会中の場合には、別に招集する必要はなく、これに付議することができる。
4：✕　普通地方公共団体の長は、直接請求を受理した日から20日以内に議会を招集し、これを議会に付議しなければならず（74条3項）、20日以内に議決する必要はない。
5：✕　代表者に意見を述べる機会を与えなければならないが、意見を述べさせなければならないわけではない（74条4項）。

Point Check!

□選挙権を有する者は、その総数の50分の1以上の者の連署をもって、その代表者から、普通地方公共団体の長に対し、条例の制定改廃請求をすることができる。

□地方税の賦課徴収並びに分担金、使用料及び手数料の徴収に関する条例は、請求の対象とできない。

□請求があったときは、普通地方公共団体の長は、①直ちに請求の要旨を公表し、②受理した日から20日以内に議会を招集し、意見を付けて議会に付議し、③その結果を請求の代表者に通知するとともに、公表する。

□議会は、付議された事件の審議を行うに当たっては、請求の代表者に意見を述べる機会を与えなければならない。

【問20】 条例の制定改廃請求 （２）

《発展問題》

重要度　★★

■条例の制定改廃請求に関して、正しいものはどれか。

1　条例の制定改廃請求は、請求の要旨並びに代表者の氏名、住所等を記した請求書、請求者の署名簿等を提出して行わなければならないが、制定又は改廃する具体的な条例案を提出する必要はない。

2　普通地方公共団体の長は、条例制定改廃請求を受理したときは、意見を付けてこれを議会に付議しなければならないが、この意見においては、賛否のいずれかを明確にしなければならない。

3　普通地方公共団体の長は、条例制定改廃請求を受理した日から20日以内に議会を招集し、これを議会に付議しなければならず、この期限を過ぎた議会の招集又は付議は、効力を有しない。

4　条例の制定改廃請求に係る事件が議会において会期中に議決に至らなかった場合には、その普通地方公共団体の長は、請求は認められなかったものとして、請求の代表者に通知するとともに、公表しなければならない。

5　条例の制定改廃請求に係る条例案については、普通地方公共団体の議会は、これを可決するか否決するかのいずれかにより議決しなければならず、修正を行った議決は、効力を有しない。

【問20】 条例の制定改廃請求 （2）   正解：2

1 ：✕　条例の制定改廃請求の内容は、具体的な条例の発案であるから、条例案を添付しなければならない。

2 ：○　普通地方公共団体の長の意見は、執行機関の立場からの意見であり、賛否を明確にする必要があると解されている。

3 ：✕　議会の議員の任期満了による選挙が告示されている等、特段の事情があるときは、法定の期限を過ぎて議会に付議しても差し支えない。

4 ：✕　条例案が審議未了となった場合には、普通地方公共団体の長は、議決があるまで議会に付議しなければならない。

5 ：✕　条例案を修正することも可能である。

Point Check!

□条例の制定改廃請求は、条例案を付して行う。

□普通地方公共団体の長は、賛否を明確にした意見を付けて議会に付議する。

□議会の開会中は、改めて招集することなく付議することができる。また、特別の事情があるときは、受理した日から20日以内を過ぎて付議することも許される。

□議会は、条例案を可決するか否決するほか、修正して議決することもできる。

□条例案が審議未了となった場合には、長は、議決があるまで議会に付議する。

【問21】　事務監査請求　　　　　　　　　重要度★★★

■事務監査請求に関して、正しいものはどれか。

1　普通地方公共団体の住民は、その総数の50分の1以上の者
　　の連署をもって、その代表者から、監査委員に対し、事務
　　監査請求をすることができる。

2　事務監査請求の対象となるのは、普通地方公共団体の事務
　　であるが、法定受託事務のうち監査の対象とすることが適
　　当でないものとして政令で定めるものは除かれる。

3　事務監査請求があったときは、監査委員は、直ちに請求の
　　要旨を公表し、請求に係る事項につき監査しなければなら
　　ないが、監査の期限については、特段の定めはない。

4　監査委員は、事務監査請求の監査の結果に関する報告にお
　　いては、その普通地方公共団体の議会、長その他の関係執
　　行機関に対して必要な措置を講ずべきことを勧告すること
　　はできない。

5　普通地方公共団体の住民は、事務監査請求に係る監査の結
　　果に不服があるときは、裁判所に対し、当該監査の取消し
　　又は無効確認の訴えを提起することができる。

【問21】 事務監査請求　　　　　　　　　　　　　　　正解：3

1 ：✕　普通地方公共団体の議会の議員及び長の選挙権を有する者の総数の50分の1以上である（75条1項）。
2 ：✕　普通地方公共団体の事務の全てが対象となる（75条1項）。
3 ：○　記述のとおり（75条2・3項）。
4 ：✕　特に措置を講ずる必要がある事項は勧告できる（199条11項）。
5 ：✕　事務監査請求の結果について訴えを提起することはできない。

 *Point Check!*

□選挙権者は、その総数の50分の1以上の者の連署をもって、その代表者から、監査委員に事務監査請求ができる。
□事務監査請求は、普通地方公共団体の自治運営の適正化・合理化を図るもので、当該普通地方公共団体の事務執行の全般が対象となり、財務会計上の行為等に限定されない。
□監査委員は、①直ちに請求の要旨を公表し、②請求事項につき監査し、その結果の報告を決定し（監査委員の合議による）、③代表者に送付し、公表するとともに、④議会・長及び関係する委員会・委員に提出する。また、⑤組織・運営の合理化に資するため、監査結果の報告に添えて意見を提出し、その内容を公表できる。
□監査結果の報告について各監査委員の意見が不一致で合議により決定できない事項があるときは、その旨及び各監査委員の意見を①代表者に送付し、公表するとともに、②議会・長及び関係する委員会・委員に提出する。
□監査結果の報告のうち議会・長又は委員会・委員において特に措置を講ずる必要がある事項は、理由を付して必要な措置を勧告し、その内容を公表できる。
□事務監査請求の結果について、取消し・無効確認等の訴えを提起することはできない。

【問22】 議会の解散請求　　　　　　　重要度★★★

■議会の解散請求に関して、正しいものはどれか。

1　選挙権を有する者は、その総数の原則として3分の1以上の者の連署をもって、その代表者から、普通地方公共団体の長に対し、その議会の解散の請求をすることができる。

2　普通地方公共団体の議会の解散の請求があったときは、選挙人の投票に付されるが、この投票には公職選挙法の適用ないし準用がなく、投票運動には一切の制限がない。

3　普通地方公共団体の議会は、議会の解散の請求に基づく投票において、有効投票の過半数の賛成があったときは、その投票率にかかわらず解散する。

4　普通地方公共団体の議会は、議会の解散の請求に基づく投票において解散すべき旨とされたときは、議長が議会においてその旨の報告をした日に解散する。

5　普通地方公共団体の議会の解散の請求は、その議会の議員の一般選挙のあった日から1年間及び議員の任期の満了前1年間は、これをすることができない。

【問22】 議会の解散請求   正解： 3

1 ： ✕ 議会の解散の請求は、その普通地方公共団体の選挙管理委員会に対してする（76条1項）。

2 ： ✕ 公選法の普通地方公共団体の選挙に関する規定は、政令で定めるものを除き、議会の解散の投票について準用され（85条1項）、例えば、選挙運動については、公務員等の地位利用による選挙運動、選挙権を有しない者の選挙運動、戸別訪問等が禁止されている。

3 ： ◯ この投票について最低投票数の制限はなく、有効投票の過半数の賛成により、議会は解散する（78条）。

4 ： ✕ 議会は、解散の投票において、過半数の同意があったとき、すなわち、投票の日に解散する（78条）。

5 ： ✕ 議員の任期の満了前1年間であっても、議会の解散の請求をすることができる（79条）。

Point Check!

□選挙権者は、その総数の原則として3分の1以上の者の連署をもって、その代表者から、選挙管理委員会に対し、議会の解散の請求をすることができる。

□請求があったときは、選挙管理委員会は、直ちに請求の要旨を区域内に公表し、選挙人の投票に付す。

□解散の投票において過半数の同意（投票率は問わない。）があったときは、議会は、その投票の日に解散する。

□解散の投票には、政令で定めるものを除き、公選法の規定が準用される。

□議会の議員の一般選挙のあった日から1年間及び議会の解散の請求に係る解散の投票のあった日から1年間は、議会の解散の請求ができない。

【問23】　議会の議員・長・主要公務員の解職請求　　重要度★★★

■議会の議員、長及び主要公務員の解職請求に関して、正しいものはどれか。

1　議会の議員の解職の請求は、その議員の選挙区があるときは、その選挙区において選挙権を有する者の総数の原則として３分の１以上の者の連署をもって請求する。

2　普通地方公共団体の議会の議員及び長の解職請求は、その就職の日又は解職の投票の日から１年を経過しない限り、全てこれをすることができない。

3　選挙権者は、その総数の原則として３分の１以上の者の連署をもって、その代表者から、選挙管理委員会に対し、主要公務員の解職の請求をすることができる。

4　解職請求の対象となる主要公務員は、副知事若しくは副市町村長、監査委員又は選挙管理委員会若しくは公安委員会の委員であり、教育委員会の委員は、対象とならない。

5　普通地方公共団体の長又は主要公務員の解職請求があったときは、その普通地方公共団体の選挙人の投票に付され、その過半数の同意があったときは、その者はその職を失う。

【問23】 議会の議員・長・主要公務員の解職請求　　　　正解：1

1：○　記述のとおり（80条1項）。

2：✕　無投票当選で議会の議員及び長となった場合は、就職の日から1年以内でも解職請求をすることができる（84条）。

3：✕　主要公務員の解職の請求は、普通地方公共団体の長に対して行う（86条1項）。

4：✕　教育長及び教育委員会の委員は、地教行法に基づく解職の請求の対象となる（地教行法8条）。

5：✕　主要公務員の解職請求は、議会に付議し、議員の3分の2以上の者が出席し、その4分の3以上の者の同意で失職する（86条3項、87条1項）。

Point Check!

□ 選挙権者は、その総数（選挙区があるときは、所属の選挙区のその総数）の原則として3分の1以上の者の連署をもって、その代表者から、議会の議員・長の解職請求は選挙管理委員会に対して、主要公務員（副知事・副市町村長、指定都市の総合区長、選挙管理委員、監査委員、公安委員会委員、教育長・教育委員会委員）の解職請求は普通地方公共団体の長に対して行う。

□ 長・議員の解職請求があったときは、選挙管理委員会は、請求の要旨を公表し、選挙人（選挙区があるときは、選挙区の選挙人）の投票に付し、過半数の同意があれば失職する。

□ 主要公務員の解職請求があったときは、長が議会に付議し、議員の3分の2以上の者が出席し、その4分の3以上の同意で失職する。

□ 長・議会の議員は就職（無投票当選を除く。）の日及び解職投票の日から1年間、副知事・副市町村長・総合区長は就職の日から1年間、その他の主要公務員は就職の日から6月間、解職請求ができない。

【問24】 議会の設置・定数等　　重要度 ★★

■議会の設置・定数等に関して、正しいものはどれか。

1 普通地方公共団体の議会は、住民の直接選挙によって選出される議員によって構成される立法機関であり、かつ、普通地方公共団体における最高の機関である。

2 普通地方公共団体の議会は、普通地方公共団体の議事機関として、その普通地方公共団体の全ての事務について地方公共団体としての意思を決定する権限を有する。

3 普通地方公共団体には、議会を置くが、議会を置かず、選挙権を有する者の総会を設けることや、他の普通地方公共団体と共同して議会を置くこともできる。

4 普通地方公共団体の議会の議員の定数は、条例で定めるが、都道府県及び市町村の別及びその人口に応じて地方自治法に上限が定められている。

5 普通地方公共団体の議会が、その議員数の4分の3以上の者が出席し、その5分の4以上の者の同意により解散の議決をしたときは、その議会は、その時に解散する。

【問24】 議会の設置・定数等　　　　　　　　　　　　　　正解：5

1：✕　普通地方公共団体の長も、その住民が直接これを選挙するもので（憲法93条2項）、議会と執行機関である長とは対等かつ独立の関係にある。

2：✕　議会が議決すべきとされている事項（96条）以外は、普通地方公共団体の長その他の執行機関がその権限とされている事項について、自ら決定し、執行する。

3：✕　町村は、議会を置かず、町村総会を置くことができるが（94条）、議会を共同設置することはできない。

4：✕　地方自治法には、議会の議員の定数の上限の定めはない。

5：○　記述のとおり（地方公共団体の議会の解散に関する特例法2条）。

 Point Check!

□普通地方公共団体に議会を置く。議員定数は、条例で定める。定数の変更は、廃置分合・境界変更により著しく人口が増減した市町村を除き、一般選挙の場合でなければ行えない。

□町村は、条例で、議会を置かず、選挙権を有する者の総会（町村総会）を設けることができる。

□普通地方公共団体に置かれる議事機関で、議員は、その住民が、直接選挙する。議会と執行機関である長とは、対等かつ独立の関係（首長制）にある。

□議決機関として、普通地方公共団体の意思（法律により長その他の執行機関の権限とされている事項を除く。）を決定する。その他、長その他の執行機関を監視監督する役割がある。

□地方公共団体の議会の議員数の4分の3以上の者が出席し、その5分の4以上の者の同意により、議会の解散の議決があったときは、その時に解散する。

【問25】 議会の議員 （1）　　　　重要度 ★★

■議会の議員に関して、正しいものはどれか。

1　普通地方公共団体の議会の議員の任期は、4年であり、この任期は、一般選挙の日から起算し、任期満了前に次の一般選挙が行われた場合は、一般選挙の日に終了する。

2　普通地方公共団体の議会の議員の被選挙権は、普通地方公共団体の議会の議員の選挙権を有する者で、かつ、年齢満20年以上の者が有する。

3　普通地方公共団体の議員は、普通地方公共団体の議会の構成員であり、その普通地方公共団体の住民の直接選挙により選出される特別職の地方公務員である。

4　普通地方公共団体の議会の議員は、議員報酬の支給を受けるほか、条例で定めた場合は、期末手当及び勤勉手当の支給を受けることができる。

5　普通地方公共団体の議会の議員は、議会の許可を得て辞職することができるが、議会が閉会中の場合には、議長に届け出て辞職することができる。

【問25】 議会の議員 （1） 　　　　　　　　　　　　　　　正解：3

1：✕　議員の任期は、一般選挙の日（前任の議員の任期満了による
　一般選挙がその任期満了の日前に行われたときは、原則としてその
　任期満了の日の翌日）から起算し、任期満了の日前に一般選挙が行
　われた場合でも、任期満了日に終了する（公選法258条）。
2：✕　議員の被選挙権を有するには、年齢満25年以上の者である必
　要がある（19条1項）。
3：〇　記述のとおり（地公法3条3項1号）。
4：✕　条例で定めた場合に期末手当の支給を受けることができるが、
　勤勉手当の支給を受けることはできない（203条3項）。
5：✕　議会が閉会中の場合には、議長の許可を得て辞職することが
　できる（126条）。

Point Check!

□議員は、住民の直接選挙で選出される特別職の地方公務員である。
□議員の被選挙権を有するのは、普通地方公共団体の議会の議員の選
　挙権を有する者で年齢満25年以上のものである。
□任期は4年で、一般選挙の日（前任の議員の任期満了による一般選
　挙がその任期満了日前に行われた場合は、原則としてその任期満了
　日の翌日）から起算する。
□辞職は、議会の許可（閉会中は、議長の許可）を得てすることがで
　きる。
□議員は、議員報酬の支給を受け、職務を行うため要する費用の弁償
　を受けることができる。条例で定めた場合は、期末手当の支給を受
　ける。これらの額や支給方法は、条例で定める。

【問26】 議会の議員 （2）

重要度 ★★

■議会の議員に関して、正しいものはどれか。

1　普通地方公共団体の議会の議員は、衆議院議員又は参議院議員と兼ねることのほか、普通地方公共団体又は特別地方公共団体の議会の議員と兼ねることができない。

2　普通地方公共団体の議会の議員は、地方公共団体の常勤の職員及び短時間勤務職員と兼ねることのほか、人事委員会・公平委員会の委員又は監査委員と兼ねることができない。

3　普通地方公共団体の議会の議員は、その普通地方公共団体に対し請負をする者又はその普通地方公共団体に対し請負をする全ての法人の役員と兼ねることができない。

4　普通地方公共団体の議会の議員が兼業の禁止の規定に該当するときは失職するが、これに該当するか否かは、議会において出席議員の3分の2以上の多数により決定する。

5　普通地方公共団体の議会の議員が被選挙権を有しない者であるか否かは、議会がこれを決定するが、その議員は、その会議で発言し、又は議決に加わることができない。

【問26】 議会の議員 （2）   正解： 4

1 ：✕　記述の前半は、正しいが（92条1項）、議員は、その普通地方公共団体が組織する一部事務組合又は広域連合の議会の議員とは兼ねることができる（287条2項、291条の4第4項）。
2 ：✕　監査委員には、議員から選出される者がある（196条1項）。
3 ：✕　役員との兼業を禁止されるのは、主としてその普通地方公共団体に対し請負をする法人に限られる（92条の2）。
4 ：○　記述のとおり（127条1項）。
5 ：✕　議員は、会議に出席して自己の資格に関し弁明することはできるが、決定に加わることができない（127条2項）。

Point Check!

□議員は、①衆議院議員・参議院議員、②地方公共団体（その地方公共団体が組織する一部事務組合・広域連合を除く。）の議会の議員、③地方公共団体の常勤・短時間勤務職員、④地方公共団体の長、副知事・副市町村長、総合区長、⑤選挙管理委員会、人事委員会・公平委員会、教育委員会等の委員と兼職できない。
□議員は、①その地方公共団体に対し請負をする者（各会計年度において支払を受ける請負の対価の総額が地方公共団体の議会の適正な運営の確保のための環境の整備を図る観点から政令で定める額を超えない者を除く。）・その支配人、②主として①と同一の行為をする法人の役員等（取締役、執行役、監査役、支配人等）と兼業できない。「請負」とは、業として行う工事の完成・作業等の役務の給付又は物件の納入等の取引で当該普通地方公共団体が対価の支払をすべきものをいう。
□被選挙権を有しないとき（住所要件を欠くとき）又は兼業禁止に該当するときは、失職する。これらに当たるか否かは、議会で出席議員の3分の2以上の多数により決定する。その議員は、会議に出席して弁明できるが、決定に加われない。

【問27】 議会の権限 （1）　　　　　　　　重要度★★★

■議会の権限に関して、正しいものはどれか。

1　議会の議決権は、普通地方公共団体の議会の基本的な権限であり、その議決すべき事件については、全て地方自治法に定められている。

2　普通地方公共団体の議会は、条例を制定し、又は改廃する議決をすることができ、その議案を提出することは、議会を構成する議員のみがその権限を有している。

3　普通地方公共団体の議会は、予算についてこれを減額して議決することができるが、普通地方公共団体の長の予算の提出の権限を侵すことはできない。

4　普通地方公共団体の議会は、政令で定める基準に従い条例で定める契約を締結し、また、政令で定める基準に従い条例で定める財産の取得又は処分をすることを議決する。

5　普通地方公共団体は、普通地方公共団体に関する事件のうち自治事務に関するものに限り、条例で議会の議決すべきものを定めることができる。

【問27】 議会の権限 （1） 正解： **4**

1 ： ✗ 地方自治法に列挙されているもののほか、法律又はこれに基づく政令（これらに基づく条例を含む。）により議会の権限に属する事項についても議決する（96条1項15号）。

2 ： ✗ 条例案の提出権は、議員・委員会及び普通地方公共団体の長が有している（109条6項、112条1項、149条1号）。

3 ： ✗ 予算を増額して議決することについては、記述のような制限があるが、減額については、制限はない（97条2項）。

4 ： ○ 記述のとおり（96条1項5・8号）。契約内容等が確定したときに、契約を締結すること等について議決する。

5 ： ✗ 法定受託事務に係るもののうち、政令で定めるもの以外についても、議決事件として定めることができる（96条2項）。

Point Check!

□議会は、次の事項を議決する権限を有している。
　①条例の制定・改廃、②予算を定めること、③決算の認定、④地方税の賦課徴収又は分担金・使用料・加入金・手数料の徴収に関すること（法令に規定するものを除く。）、⑤条例で定める契約の締結、⑥財産の交換、出資の目的、支払手段として使用、又は適正な対価でない譲渡・貸付け（条例に定める場合を除く。）、⑦不動産の信託、⑧条例で定める財産の取得・処分、⑨負担付きの寄附・贈与を受けること、⑩権利の放棄（法令又は条例に定める場合を除く。）、⑪法律・法律に基づく政令（これらに基づく条例を含む。）により議会の権限に属する事項　等

□普通地方公共団体は、条例で、普通地方公共団体に関する事件（法定受託事務に係るものは、政令で定めるものを除く。）につき議会の議決事件を定めることができる。

【問28】 議会の権限 （2）　　　　　　　　重要度　★★

■議会の権限に関して、正しいものはどれか。

1　普通地方公共団体の財産を適正な対価でなく譲渡すること
　や権利を放棄することは、必ずその議会の議決を要するが、
　寄附又は贈与を受ける場合には、これを要しない。

2　普通地方公共団体の議会は、その事務に関する書類及び計
　算書を検閲し、又は長その他の執行機関の事務の管理、議
　決の執行及び出納を実地に検査することができる。

3　普通地方公共団体の議会は、その普通地方公共団体の事務
　に関する事件に限り、これについての意見書を国会又は国
　の関係行政機関に提出することができる。

4　普通地方公共団体の議会は、監査委員に対し、普通地方公
　共団体の事務のうち財務に関するものに限り、その執行に
　関する監査を求め、監査の結果に関する報告を請求するこ
　とができる。

5　普通地方公共団体の議会は、副知事又は副市町村長の選任
　について同意することができるが、この議案を修正して議
　決することはできない。

【問28】 議会の権限 （2）   正解：5

1：✕　適正な対価でない財産の譲渡・貸付けは、条例で定める場合を除き、権利の放棄は、法律若しくはこれに基づく政令又は条例で定める場合を除き、それぞれ議会の議決が必要である。寄附又は贈与を受けることは、負担付きの場合に、議会の議決が必要である（96条1項6・9・10号）。

2：✕　議会の検査は、長その他の執行機関の報告を請求して行うのであって、実地に検査することはできない（98条1項）。

3：✕　その普通地方公共団体の公益に関する事件であればよく、その事務に限らない。また、提出先は、地方公共団体の関係行政機関も含む（99条）。

4：✕　議会は、監査委員に、いわゆる財務監査に限らず、一般行政事務についての監査（行政監査）を求めることができる（98条2項）。

5：○　議案の提案権は議会にないから、修正権も有しない。

Point Check!

□議会は、その権限に属する選挙（①議長・副議長、仮議長、②選挙管理委員等、③広域連合の議会の議員等の選挙）を行う。

□議会は、①ⅰ地方公共団体の事務（政令で定めるものを除く。）に関する書類・計算書を検閲し、ⅱ長その他の執行機関の報告を請求して、その事務の管理、議決の執行及び出納を検査し、②その事務（政令で定めるものを除く。）に関し監査委員の監査を求め、監査結果の報告を請求する権限を有する。

□議会は、普通地方公共団体の公益に関する事件につき意見書を国会・関係行政庁に提出する権限を有する。

□上記のほか、①副知事・副市町村長、監査委員、教育長・教育委員等の選任・罷免に対する同意、②長の行った専決処分に対する承認等の権限を有する。

【問29】 議会の権限 （3） 《発展問題》

重要度 ★★

■議会の権限に関して、正しいものはどれか。

1 普通地方公共団体の議会は、条例案を修正して議決することができるが、普通地方公共団体の長が提出した条例案については、これを修正することができない。

2 公の施設の廃止は、条例で定めなければならず、また、条例で定める重要な公の施設は、長期かつ独占的な利用をさせることは、普通地方公共団体の議会の議決を要する。

3 工事請負契約の締結に関する普通地方公共団体の議会の議決を回避するために、1つの工事について議会の議決を要しない規模の工区に分割することは、許される。

4 普通地方公共団体の議会は、法定受託事務を除き、その普通地方公共団体の事務に関し、書類及び計算書を検閲して、当該事務の管理について検査することができる。

5 普通地方公共団体の議会は、議長及び副議長のほか、議会に委員会を置く場合はその委員長の選挙その他の法律又は政令により議会の権限に属する選挙を行わなければならない。

【問29】 議会の権限 （3）　　　　　　　　　　　　　　正解： 2

1：✕　普通地方公共団体の長に提出権が専属する条例案について無制限に修正することは、長の提出権の侵害となるが、これに該当しない修正は、可能と解されている。

2：○　条例で定める長期かつ独占的な利用をさせることは、議会の議決を要する（96条1項11号）。

3：✕　判例（平16・6・1最判）は、議会の議決を潜脱する目的による違法なものとしている。

4：✕　法定受託事務が除かれるのではなく、自治事務では、労働委員会及び収用委員会の権限に属する事務で政令で定めるものが除かれ、法定受託事務では、議会の検査対象とすることが適当でないものとして政令で定める事務が除かれる（98条1項）。

5：✕　議会は、法律又はこれに基づく政令によりその権限に属する選挙を行うが（97条1項）、議会の委員会の委員長は、議会が選挙するとは定められていない。

Point Check!

□議会は、①条例で定める重要な公の施設の条例で定める長期・独占的な利用、②普通地方公共団体が当事者である審査請求、訴えの提起、和解、あっせん、調停及び仲裁（訴えの提起及び和解は一定のものに限る。）に関すること、③法律上その義務に属する損害賠償の額を定めること、④区域内の公共的団体等の活動の総合調整に関することを議決する。

□議会の検閲・検査及び監査の請求対象から除外されているのは、①自治事務で労働委員会及び収用委員会の権限に属する事務で政令で定めるもの、②法定受託事務で議会の検査の対象とすることが適当でないとして政令で定めるもの

【問30】 議会の調査権 （1）

■議会の調査権に関して、正しいものはどれか。

1　この調査権は、議決権等の議会の権限を適正に行使するために与えられた補助的な権限であるから、調査の対象は、議会において現に議題になっている事項又は将来議題となる事項に関する調査に限られる。

2　この調査権を行使することができるのは、普通地方公共団体の議会であるが、議会は、あらかじめ条例又は会議規則に定めて、この調査権を一般的、包括的に常任委員会に委任することができる。

3　この調査権は、その普通地方公共団体における事務の全般を対象とすることができ、自治事務についてはもちろん、法定受託事務についても、例外なく対象とすることができる。

4　この調査権に基づく調査を行う場合に、当該調査を行うため特に必要があると認めるときに限り、選挙人その他の関係人の出頭及び証言並びに記録の提出を請求することができる。

5　この調査権に基づいて証言を求められた関係人は、自己に不利益となる事項に関する場合であっても、その証言を拒むことができず、これを拒んだ場合は罰則が適用される。

【問30】 議会の調査権 （1） 　　　　　　　　　　　　　　　　　正解： **4**

1 ： **✕** 　議会の調査権は、補助的な権限ではあるが、地方公共団体の
　事務のうち、現に議題となり、又は将来議題に上るべき基礎事項
　（議案調査）のほか、世論の焦点となっている事件（政治調査）そ
　の他一般的に地方公共団体の重要な事務の執行状況（事務調査）が
　対象となる。

2 ： **✕** 　一般的、包括的に常任委員会等に委任することはできず、常
　任委員会等がこの調査を行う場合には、その都度、いかなる範囲で
　調査権を行使するかを議会で議決する。

3 ： **✕** 　議会の調査権の対象は、自治事務及び法定受託事務であるが、
　それぞれについて例外がある（100条１項）。

4 ： **○** 　記述のとおり（100条１項）。

5 ： **✕** 　何人も、自己に不利益な供述を強要されない（憲法38条１
　項）。証言については、民事訴訟法の証人訊問に関する規定が準用
　され（100条２項）、刑事訴追を受け、又は有罪判決を受けるおそれ
　がある場合に証言を拒むことができる。

Point Check!

□調査権は、議会の権限を適正に行使するために与えられた補助的な
　権限。ただし、議案調査、政治調査又は事務調査に分類され、広範
　囲にわたる。

□普通地方公共団体の議会が行使する。議決により、委員会に委任で
　きる（一般的、包括的委任は不可）。

□普通地方公共団体の事務が対象。ただし、一定の事務（検閲・検査
　及び監査の請求の対象外の事務）を除く。

□特に必要があると認めるときは、①関係人の出頭・証言、②記録の提
　出を請求できる。民事訴訟法の証人訊問に関する規定が準用される。

【問31】 議会の調査権 （2）

重要度★★★

■議会の調査権に関して、正しいものはどれか。

1　この調査権は、当該普通地方公共団体の事務に関するものであるが、国の行政機関又はその職員に対しても出頭及び証言並びに記録の提出を請求することができる。

2　この調査権に基づいて宣誓した関係人が虚偽の陳述をした場合において、議会において調査が終了した旨の議決がある前に自白したときは、その刑が免除される。

3　関係人が公務員たる地位において知り得た事実については、その者が職務上の秘密に属するものである旨を申し立てた場合は、この調査権に基づく証言を求めることはできない。

4　この調査権に基づいて、特に必要があると認めるときは、議員を派遣し、関係人の事務所に立ち入り、帳簿、書類その他の物件を検査することができる。

5　議会は、毎会計年度、予算の定額の範囲内において、この調査権に基づく調査のために要する経費の当該会計年度における総額を定めておかなければならない。

【問31】 議会の調査権 （2） 　　　　　　　　　　　　　　　正解：1

1 ：○　議会の調査権の対象は、関係を有する全ての人を指し、住民
である必要はなく、自然人のほか法人も含まれる。

2 ：✕　常に刑が減軽され、又は免除されるわけではない（100条 8
項）。

3 ：✕　記述の場合は、当該官公署の承認が必要で、承認を拒むとき
は、その理由を疏明しなければならない（100条 4 項）。

4 ：✕　議会が必要があると認めるときは、会議規則の定めるところ
により、議員を派遣すること（議員派遣）ができるが（100条13項）、
立入検査の権限はない。

5 ：✕　議会は、個々の調査事件について、その調査を行う場合に、
調査に要する経費の額を定めておかなければならない（100条11項）。

Point Check!

□①関係人が、正当な理由なく、議会に出頭せず、証言を拒み、又は
記録を提出しないとき、②宣誓した関係人が虚偽の陳述をしたとき
は、罰則が適用される。②は、議会で調査が終了した旨の議決があ
る前に自白したときは、刑を減軽・免除できる。議会は、関係人が
上記の罪を犯したときは、告発しなければならない（上記の自白が
あるときを除く。）。

□①公務員としての地位で知り得た事実は、関係人から職務上の秘密
に属する旨の申立てを受けたときは、その官公署の承認を必要とす
る。②官公署がこの承認を拒むときは、その理由を疏明しなければ
ならない。③議会がこの疏明を理由がないと認めるときは、官公署
に公の利益を害する旨の声明を要求できる。④官公署がこの要求を
受けた日から20日以内に声明をしないときは、関係人は、証言又は
記録の提出をしなければならない。

□調査を行う場合は、予算の範囲内で、当該調査に要する経費の額を
定めておく（その額を超える支出は、更に議決を経る。）。

【問32】 議会の政務活動費等 　　重要度　★

■議会の政務活動費等に関して、正しいものはどれか。

1　普通地方公共団体は、条例の定めるところにより、その議会における会派又は議員に対し、政務活動費を交付しなければならない。

2　政務活動費は、その議会の議員の調査研究のほか、議員の政治活動、後援会活動等に資するために必要な経費として交付される。

3　政務活動費の交付の対象、額及び交付の方法は、条例で定めなければならないが、政務活動費を充てることができる経費の範囲を条例で制限することはできない。

4　政務活動費の交付を受けた議員は、その政務活動費に係る収入及び支出の報告書を議長に提出し、議長は、その報告書を公表しなければならない。

5　普通地方公共団体の議会は、議案の審査又はその普通地方公共団体の事務に関する調査のために必要な専門的事項に係る調査を外部の学識経験者等にさせることができる。

【問32】 議会の政務活動費等   正解：5

1 ：✕　普通地方公共団体は、政務活動費を交付することができるが、
交付しなければならないわけではない（100条14項）。

2 ：✕　政務活動費は対外的な陳情活動等のための旅費、交通費や会
派単位で行う会議に要する経費に用いることができるが、議員とし
ての活動に含まれない政治活動、後援会活動、選挙運動等の経費に
用いることはできない。

3 ：✕　政務活動費を充てることができる経費の範囲についても、条
例で定める（100条14項）。

4 ：✕　記述の前半は、正しい（100条15項）。議長は、政務活動費の
使途の透明性の確保に努めなければならないが（100条16項）、報告
書を公表しなければならないとはされていない。

5 ：〇　記述のとおり（100条の２）。

 Point Check!

□普通地方公共団体は、条例の定めるところにより、議員の調査研究
その他の活動に資するため必要な経費の一部として、議会の会派又
は議員に政務活動費を交付することができる。

□政務活動費の交付の対象、額及び交付方法並びに政務活動費を充て
ることができる経費の範囲は、条例で定める。

□政務活動費の交付を受けた会派又は議員は、条例の定めるところに
より、当該政務活動費に係る収入及び支出の報告書を議長に提出す
る。

□議長は、政務活動費の使途の透明性の確保に努める。

□議会は、議案の審査又は当該普通地方公共団体の事務に関する調査
のために必要な専門的事項に係る調査を学識経験を有する者等にさ
せることができる。

【問33】 議会の招集　　　　　　　　　　　　重要度★★★

■議会の招集に関して、正しいものはどれか。

1　普通地方公共団体の議会は、普通地方公共団体の長が招集するが、臨時会については、議長も、議会運営委員会の議決を経て、これを招集することができる。

2　議員定数の4分の1以上の者が臨時会の招集を請求した場合で、請求の日から20日以内に臨時会が招集されないときは、請求した議員が臨時会を招集することができる。

3　普通地方公共団体の議会の招集は、開会の日前、一定の日までに告示しなければならないが、開会前に緊急を要する場合は、告示をしないで議会を開会することができる。

4　普通地方公共団体の議会は、定例会及び臨時会があり、定例会は、毎年、条例で定める回数招集しなければならず、臨時会は、必要がある場合にその事件に限り招集する。

5　定例会又は臨時会に付議すべき事件は、普通地方公共団体の長があらかじめこれを告示するが、開会中に緊急を要する事件は、直ちに会議に付議することができる。

【問33】 議会の招集

正解：4

1 ： ✕ 議長は、当該普通地方公共団体の長に対し、臨時会の招集を請求することができる（101条2項）。

2 ： ✕ 記述の場合には、議長は、請求をした者の申出に基づき、その申出のあった日から、都道府県及び市は10日以内、町村は6日以内に臨時会を招集しなければならない（101条6項）。

3 ： ✕ 緊急の場合でも、議会の招集の告示は必要である（101条7項）。

4 ： ○ 記述のとおり（102条1～3項）。

5 ： ✕ 記述は、臨時会のみに該当する（102条4項）。また、議長が招集する場合には、議長がこれを告示する（102条5項）。

Point Check!

□議会は、地方公共団体の長が招集する。

□①議長は、議会運営委員会の議決を経て、長に対し、会議に付議すべき事件を示して臨時会の招集を請求できる。②議員の定数の4分の1以上の者も、同様の請求ができる。

□長は、請求のあった日から20日以内に臨時会を招集しなければならない。招集しないときは、①の場合は、議長が招集でき、②の場合は、議長は、請求者の申出に基づき、申出のあった日から一定期日内に招集しなければならない。

□招集は、開会の日前、都道府県及び市は7日まで、町村は3日までに（この期限は、緊急の場合を除く。）、告示する。告示後に災害等により開会の日に会議を開くことが困難と認めるときは、変更後の開会の日と理由を告示して、開会の日を変更することができる。

□議会は、定例会及び臨時会とする。定例会は、毎年、条例で定める回数招集する。臨時会は、必要がある場合に、その事件に限り招集する。臨時会に付議する事件は、事前に告示するが、臨時会の開会中の緊急の事件は、事件を告示せず、会議に付議できる。

【問34】 議会の会期

■議会の会期に関して、正しいものはどれか。

1 　普通地方公共団体の議会の会期は、定例会については条例で定め、臨時会については普通地方公共団体の長が定めるが、会期を延長する場合は、議会において定める。

2 　普通地方公共団体の議会の会期の延長は、定例会にあっては1回、臨時会にあっては2回を超えてはならないが、その日数については制限はない。

3 　普通地方公共団体の議会の会期中に議決に至らなかった事件は、次の会期には継続することはなく、また、次の会期においてその事件を再び提案することもできない。

4 　普通地方公共団体の議会は、毎年、条例で定める日から翌年の当該日の前日までを会期とすることができ、この場合、条例で定める日の到来により、普通地方公共団体の長が議会を招集したものとみなされる。

5 　条例で定める日から翌年の当該日の前日までを会期とする普通地方公共団体においては、議会は、必要があると認めるときは、条例で、定期的に会議を開く日を定めることができる。

【問34】 議会の会期

正解：4

1：✗　議会の会期及びその延長並びにその開閉に関する事項は、全て議会が定める（102条7項）。

2：✗　会期の延長については、法律上の制限はない。

3：✗　会期中に議決に至らなかった事件は、議会の議決により委員会における継続審査とされた特定の事件（109条8項）を除き、継続しないが（119条）、次の会議において再提案することはできる。

4：○　記述のとおり（102条の2第1・2項）。

5：✗　通年の会期とする議会は、条例で定例日を設けなければならない（102条の2第6項）。

Point Check!

□①議会の会期・その延長、②議会の開閉に関する事項は、議会が定める。

□議会は、条例で定めるところにより、定例会・臨時会とせず、毎年、条例で定める日から翌年のその日の前日までを会期とすること（通年の会期）ができる。 この場合、条例で定める日の到来により、長が議会を招集したとみなされる。

□通年の会期において、①議員の任期の満了、②議会の解散、③全ての議員が不存在のときは、その日に会期は終了する。

□通年の会期の議会は、条例で、定期的に会議を開く日（定例日）を定めなければならない。長は、議長に対し、付議すべき事件を示して定例日以外の日の開会を請求でき、議長は、一定期日以内に会議を開かなければならない。

【問35】 議長・副議長　　　　　　　　　　重要度　★

■議長・副議長に関して、正しいものはどれか。

1　普通地方公共団体の議会は、その議員の中から議長及び副議長それぞれ1人を選挙しなければならないが、副議長については会議規則でこれを置かないことができる。

2　普通地方公共団体の議会の議長は、議場の秩序を保持し、議事を整理し、議会の事務を統理し、議会を代表し、副議長は、議長を補佐し、議長の職務を代理する。

3　普通地方公共団体の議会の議長は、いずれの委員会にも出席し、審議中の議案や委員会の運営について発言することができるが、委員会の議決に加わることはできない。

4　普通地方公共団体の議会の議長に事故があるとき又は議長が欠けたときは、仮議長を選挙して議長の職務を行わせ、この選挙においては、副議長が臨時に議長の職務を行う。

5　普通地方公共団体の議会の議長及び副議長の任期は、1年で、議会の許可を得て辞職することができ、副議長は、議会の閉会中は議長の許可を得て辞職することができる。

【問35】 議長・副議長　　　　　　　　　　　　　　　　　　正解：3

1：✕　議長及び副議長それぞれ1人を選挙しなければならず、副議長を置かないことはできない（103条1項）。

2：✕　記述の前半は、正しいが（104条）、副議長は、議長に事故があるとき又は議長が欠けたときに、議長の職務を行う（106条1項）。

3：○　議長は、委員会において発言することができ（105条）、その範囲に特に制限はないが、議決に加わることはできない。

4：✕　記述の場合は、副議長が議長の職務を行う。議長及び副議長にともに事故があるときに仮議長を選挙し、議長の職務を行わせる（106条1・2項）。

5：✕　議長及び副議長の任期は、議員の任期による（103条2項）。記述の後半は、正しい（108条）。

Point Check!

☐議会は、議員の中から議長・副議長それぞれ1人を選挙する。その任期は、議員の任期による。

☐議長は、①議場の秩序を保持し、②議事を整理し、③議会の事務を統理し、④議会を代表する。また、どの委員会にも出席し、発言できるが、議決には加われない。

☐副議長は、議長に事故があるとき又は議長が欠けたときに、議長の職務を行う。議長・副議長にともに事故があるときは、仮議長を選挙する。議長・副議長の選挙を行う場合又は仮議長の選挙を行う場合に、議長の職務を行う者がいないときは、年長の議員が臨時に議長の職務を行う。

☐議長・副議長は、議会の許可を得て辞職できる。副議長は、議会の閉会中は、議長の許可を得て辞職できる。

【問36】 議会の委員会 （1）　　　　　　　　　重要度★★★

■議会の委員会に関して、正しいものはどれか。

1　普通地方公共団体の議会は、常任委員会及び議会運営委員会を設けなければならず、また、会議規則で、特別委員会を置くことができる。

2　地方公共団体の議会の議員は、それぞれ1つの常任委員会の委員となり、条例に特別の定めがある場合を除き、その会期中在任する。

3　常任委員会は、その部門に属するその普通地方公共団体の事務に関する調査を行うとともに、議案、陳情等を審査して、議会としての意思を決定する。

4　特別委員会は、議会の議決により付議された事件を審査し、議会におけるその事件の審議が終了すれば、会期中であっても当然に消滅する。

5　議会運営委員会は、議会の運営に関する事項、議会の会議規則及び議長の諮問に関する事項に関する調査及び協議を行うが、議案、請願等の審査は行わない。

【問36】 議会の委員会（1）　　　　　　　　　　　　　正解：4

1：✗　いずれの委員会も、条例で置くことができる（109条1項）。

2：✗　常任委員会の委員について、記述のような定めはなく、委員の選任その他委員会に関し必要な事項は、条例で定める（109条9項）。

3：✗　常任委員会は、議案、陳情等を審査することができるが、議会として意思を決定することはできない。

4：○　記述のとおり（109条4項）。会期中に審議が終了しなかったときも、その事件が継続審査（109条8項）とならない限り、当然に消滅する。

5：✗　議会運営委員会も、所管事項に係る議案、請願等を審査する（109条3項）。

Point Check!

□普通地方公共団体の議会は、条例で、常任委員会、議会運営委員会及び特別委員会を置くことができる。

□常任委員会は、その部門に属する当該普通地方公共団体の事務に関する調査を行い、議案、請願等を審査する。

□議会運営委員会は、①議会の運営に関する事項、②議会の会議規則、委員会に関する条例等に関する事項、③議長の諮問事項に関する調査を行い、議案、請願等を審査する。

□特別委員会は、議会の議決により付議された事件を審査し、審議が終了すれば会期中でも消滅する。会期中に審議が終わらないときは、原則として、会期の終了により消滅する。

【問37】 議会の委員会 （2）

■議会の委員会に関して、正しいものはどれか。

1 普通地方公共団体の議会の委員会は、その行う調査のため、参考人の出頭及び証言を求めることができ、正当な理由なくこれに従わないときは、罰則の適用を受ける。

2 普通地方公共団体の議会の委員会は、予算その他重要な議案、請願等について公聴会を開き、利害関係人又は学識経験者等から意見を聴くことができる。

3 普通地方公共団体の議会の特別委員会以外の委員会は、その部門に属するその普通地方公共団体の事務に関する事件につき、議会に議案を提出することができる。

4 普通地方公共団体の議会の委員会は、その委員会において議決した特定の事件については、議会の閉会中も、なお、これを審査することができる。

5 普通地方公共団体の議会の委員会について地方自治法に定めるもののほか、その委員の選任、任期その他委員会に関し必要な事項は、会議規則で定める。

【問37】 議会の委員会（2）　　　　　　　　　　　　　　　　正解：2

1：✕　委員会は、参考人の出頭を求め、その意見を聴くことができるが（109条5項）、これに従わないときについての罰則はない。

2：○　記述のとおり（109条5項）。

3：✕　特別委員会も議会に議案を提出することができる（109条6項）。なお、いずれの委員会も予算を提出することはできない。

4：✕　閉会中に審査することができるのは、議会の議決により付議された特定の事件についてである（109条8項）。

5：✕　委員会に関し必要な事項は、条例で定める（109条9項）。

□委員会は、会議において、①予算その他重要な議案、請願等について公聴会を開き、利害関係者又は学識経験者等から意見を聴くことができ、②当該普通地方公共団体の事務に関する調査・審査のため、参考人の出頭を求め、その意見聴取をすることができる。

□委員会は、議会の議決すべき事件のうちその部門に属する当該普通地方公共団体の事務に関するもの（予算を除く。）につき、文書をもって、議会に議案を提出することができる。

□委員会は、会期中に活動するが、議会の議決により付議された特定の事件については、閉会中に審査することができる。

□地方自治法に定めるもののほか、委員の選任その他委員会に関し必要な事項は、条例で定める。

【問38】 議会の会議 （1）　　　重要度★★★

■議会の会議に関して、正しいものはどれか。

1　普通地方公共団体の議会の会議は、議長が開くが、議員定数の半数以上の者から請求があるのにその日の会議を開かないときは、請求した議員の代表者が会議を開く。

2　普通地方公共団体の議会の会議を閉じる権限は、議長にあるから、議長は、会議の議決によることなく、いつでもその日の会議を閉じ又は中止することができる。

3　普通地方公共団体の議会の会議は、公開するが、公の秩序又は善良の風俗を害するおそれがあるときは、議長の発議により、秘密会を開くことができる。

4　普通地方公共団体の議会は、その議員3人以上の発議により、出席議員の過半数で議決したときは、秘密会を開くことができる。

5　議長は、事務局長又は書記長（書記長を置かない町村は書記）に会議録を作成させ、特段の事情がない限り、住民からの閲覧の要求に応じなければならない。

【問38】 議会の会議 （1）   正解： 5

1 ： ✕   記述の場合には、副議長が会議を開く（114条1項）。

2 ： ✕   議員の請求により会議を開いたとき又は議員中に異議がある
ときは、議長は、会議の議決によらない限り、その日の会議を閉じ
又は中止することができない（114条2項）。

3 ： ✕   秘密会を開くことができるのは、公の秩序又は善良の風俗を
害するおそれがあるときに限らない（115条1項）。

4 ： ✕   秘密会は、議会の公開の原則の例外であり、出席議員の3分
の2の多数で議決しなければならない（115条1項）。

5 ： 〇   会議録の閲覧について規定はないが、会議録の調製義務（123
条1項）は、会議の次第を資料として後日まで保存するためだけで
なく、住民の求めに応じて閲覧させ、会議の公開の原則を全うする
趣旨と解されている。

Point Check!

□議長は、会議を開会し、閉会する。

□議長は、議員の定数の半数以上の者から請求があるときは、その日
の会議を開かなければならない（会議を開かないときは、副議長が
会議を開き、副議長が開かないときは仮議長が開く。）。

□議長は、①議員の請求により会議を開いたとき、又は②議員中に異
議があるときは、会議の議決によらない限り、その日の会議を閉会
し又は中止することができない。

□会議は、公開する。ただし、①議長又は②議員3人以上の発議によ
り、出席議員の3分の2以上の多数で議決したときは、秘密会を開
くことができる。

□議長は、事務局長・書記長（書記長を置かない町村は書記）に書面
又は電磁的記録により会議録を作成させ、会議の次第及び出席議員
の氏名を記載又は記録させなければならない。

【問39】 議会の会議 （2）　　　　重要度 ★★

■議会の会議に関して、正しいものはどれか。

1　普通地方公共団体の議会は、議員定数の半数以上の議員が出席しなければ、会議を開くことができないが、この議員定数及び出席議員の数には議長は含まれない。

2　普通地方公共団体の議会の会議の定足数は、議会の開会のための要件であり、会議を開会した後、定足数を満たさなくなったときでも議決又は選挙を行うことができる。

3　普通地方公共団体の議会は、同一の事件につき再度臨時会を招集してもなお定足数に達しないときは、定足数を欠いても会議を開くことができる。

4　普通地方公共団体の議会の議事は、地方自治法に特別の定めがある場合を除き、議長を含む出席議員の過半数でこれを決し、可否同数のときは、議長が決する。

5　普通地方公共団体の議会の議員は、自己の従事する業務に直接の利害関係のある事件についての議事に参与することができないが、議会の同意があれば、議決に加わる。

【問39】 議会の会議 （2）   正解： 3

1 ： ✕ 議長も会議の議事に参加するから、議員定数及び出席議員の数には、議長も含まれる。

2 ： ✕ 定足数は、会議を開き、かつ、継続し、議決等を行うための要件であると解されている。

3 ： ○ 記述のとおり（113条）。

4 ： ✕ 議長は、議員として議決に加わる権利を有しないから（116条2項）、表決における出席議員に含まない。

5 ： ✕ 記述の場合は、議会の同意があれば、会議に出席し、発言ができるが、議決に加わることはできない（117条）。

Point Check!

□議会は、議員定数（議長を含む。）の半数以上が出席しなければ、会議を開くことができない（定足数）。

□次の場合は、会議を開くことができる。①議長・議員の除斥のために半数に達しないとき、②同一の事件につき再度臨時会を招集してもなお議員が半数に達しないとき、③招集に応じても出席議員が定数を欠く場合で、議長が出席を催告してもなお半数に達しないとき、④③の場合で、半数に達した後に半数に達しなくなったとき

□地自法に特別の定めがある場合を除き、議会の議事は、出席議員（議長を含まない。）の過半数で決し、可否同数のときは、議長が決する。

□議長・議員は、自己・親族（父母、祖父母、配偶者、子、孫、兄弟姉妹）の一身上に関する事件又は自己・親族の従事する業務に直接の利害関係のある事件については、議事に参与できない。議会の同意があったときは、会議に出席し、発言することができる。

【問40】 議会の会議 （3）　　　重要度　★★

■**議会の会議に関して、正しいものはどれか。**

1　普通地方公共団体の事務所、支庁、支所その他の行政機関
　の位置を定める条例を制定するときは、議会において出席
　議員の3分の2以上の者の同意がなければならない。

2　条例で定める重要な公の施設の廃止又は長期かつ独占的な
　利用は、普通地方公共団体の議会において出席議員の3分
　の2以上の者の同意を得なければならない。

3　主要公務員の解職の直接請求において、普通地方公共団体
　の議会の議員の3分の2以上の者が出席し、その4分の3
　以上の者の同意があったときは、その者は失職する。

4　普通地方公共団体の議会において、その表決に特別多数決
　が必要とされている事件については、議長は出席議員の数
　に算入されるが、表決に参加することはできない。

5　普通地方公共団体の議会において選挙を行う場合には、公
　職選挙法が準用され、投票用紙に候補者名を自書する単記
　無記名式によらなければならない。

【問40】 議会の会議（3）　　　　　　　　　　　　　　　　正解：3

1 ：✕　記述の特別多数決を要するのは、普通地方公共団体の事務所
の位置を定め又は変更する条例を制定・改廃する場合に限る（4条
1・3項、155条2項、156条2項）。

2 ：✕　条例で定める重要な公の施設のうち条例で定める特に重要な
ものの廃止又は条例で定める長期かつ独占的な利用に限り、特別多
数決が必要である（244条の2第2項）。

3 ：◯　記述のとおり（87条1項）。

4 ：✕　特別多数決には可否同数の場合の議長の決裁権はなく、議長
も表決に参加することができる。

5 ：✕　法律又はこれに基づく政令により議会が行う選挙について、
議員中に異議がないときは、指名推選の方法を用いることができる
（118条2項）。

Point Check!

□議会が特別多数決により議決するのは、次の場合
　・出席議員の3分の2以上の同意〜①地方公共団体の事務所の位置
　　を定める条例、②秘密会の開会、③議員の資格喪失、④再議に付さ
　　れた条例又は予算、⑤条例で定める重要な公の施設のうち条例で
　　定める特に重要なものの廃止又は条例で定める長期・独占的利用
　・議員の3分の2以上が出席し、その4分の3以上の同意〜①直接
　　請求による主要公務員の解職、②議員の除名、③長の不信任（解
　　散後最初に招集された議会は過半数の同意）
□法律又はこれに基づく政令による議会の選挙は、単記無記名で行う
　が、出席議員に異議がないときは、指名推選の方法（被指名人を当
　選人と定めるべきか否かを会議に諮り、議員全員の同意があった者
　を当選人とする。）による。

【問41】 議会の会議 （4）   重要度 ★★

■議会の会議に関して、正しいものはどれか。

1 普通地方公共団体の議会の議員は、予算を除き、議会の議決すべき全ての事件につき、議会に議案を提出することができる。

2 普通地方公共団体の議会の議員が議会に議案を提出するに当たっては、議員数の8分の1以上の者が共同して、その代表者から文書をもってこれをしなければならない。

3 普通地方公共団体の議会及びその委員会において議案に対する修正の動議を議題とするに当たっては、議員の定数の12分の1以上の者の発議によらなければならない。

4 普通地方公共団体の議会の会期中に議決に至らなかった事件は、委員会において継続審査中の事件を含め、一般選挙の後に招集される議会には継続しない。

5 普通地方公共団体の議会がその会期中に議決した事件については、その会期において再び提出することはできるが、これを審議することはできない。

【問41】 議会の会議 （4）   正解：4

1：✕　副知事及び副市町村長の選任（162条）、指定管理者の指定
（244条の2第6項）等、普通地方公共団体の長が議会の同意や議決
を経るべき事件や、支庁等の設置（155条1項）、長の直近下位の内
部組織（158条1項）等、条例案の提出権が普通地方公共団体の長
に専属する事件がある。

2：✕　議案の提出には、議員の定数の12分の1以上の者の賛成がな
ければならない（112条2項）。

3：✕　議会における修正は、記述のとおりであるが（115条の3）、
委員会における修正については、委員会条例又は会議規則の定める
ところによる。

4：〇　一般選挙の際には、全ての議員の身分が失われ、議会の同一
性が失われるから、全ての議案が継続しない。

5：✕　一事不再議の原則は、地方自治法に規定はなく、一般に、会
議規則に規定されている。会議規則では、議決された事件は、提出
することもできないとするのが一般である。

Point Check!

□議員は、議員定数の12分の1以上の者の賛成により、議会の議決す
べき事件（予算のほか、提出権が長に専属するものを除く。）につ
き、文書で、議会に議案を提出することができる。

□議会は、議員定数の12分の1以上の者の発議により、議案に対する
修正の動議を議題とする。

□議会の会期中に議決に至らなかった事件（委員会における継続審査
に付されたものを除く。）は、後会に継続しない。

【問42】 議会の会議 （5）　　　重要度 ★★

■議会の会議に関して、正しいものはどれか。

1　普通地方公共団体の議会は、予算その他重要な議案については、会議において、公聴会を開き、利害関係者又は学識経験者等から意見を聴かなければならない。

2　普通地方公共団体の議会は、会議において、審査のため必要があると認めるときは、参考人の出頭を求め、その意見を聴くことができる。

3　普通地方公共団体の議会が会議を開いたときは、その長又はその委任若しくは嘱託を受けた者は、審議に必要な説明のため、常に議場に出席しなければならない。

4　普通地方公共団体の長は、普通地方公共団体の議会が通年の会期とする場合に限り、その議会の議場に出席できない旨を議長に届け出たときは、出席することを要しない。

5　普通地方公共団体の長は、議会の議長から求められたときは、予算に関する説明書その他当該普通地方公共団体の事務に関する説明書を議会に提出しなければならない。

【問42】 議会の会議 （5）   正解： 2

1 ： ✕ 議会は、公聴会を開くことができるが（115条の 2 第 1 項）、
これを開かなければならない義務はない。

2 ： 〇 記述のとおり（115条の 2 第 2 項）。

3 ： ✕ 議長から出席を求められた場合に出席しなければならないが、
出席の求めがない場合にまで出席しなければならないわけではない
（121条 1 項）。

4 ： ✕ 通年の会期とするか否かにかかわらず、出席できないことに
ついて正当な理由がある場合に、その旨を議長に届け出たときは、
出席することを要しない（121条 1 項）。

5 ： ✕ 説明書を議会に提出しなければならないのは、議長から求め
られたときに限らない（122条 1 項）。

Point Check!

□長又は執行機関として置かれた委員会の委員長（教育長）・委員等
及びその委任・嘱託を受けた者は、議会の審議に必要な説明のため
議長から出席を求められたときは、議場に出席しなければならない
（出席すべき日時に出席できないことについて正当な理由がある場
合にその旨を議長に届け出たときを除く。）。

□長は、議会に、予算に関する説明書その他その普通地方公共団体の
事務に関する説明書を提出しなければならない。

□議会は、会議において、①予算その他重要な議案、請願等について
公聴会を開いて利害関係者又は学識経験者等から意見を聴くこと、
②必要があると認めるときに、参考人の出頭を求めて意見を聴くこ
とができる。

【問43】 請願・会議規則

重要度 ★★

■請願又は会議規則に関して、正しいものはどれか。

1 普通地方公共団体の議会は会議規則を、議会の常任委員会、議会運営委員会及び特別委員会は委員会規則を、それぞれ設けなければならない。

2 普通地方公共団体の議会に対する請願は、普通地方公共団体の住民が、その議員の紹介により、請願書を開会中の議会に提出して行う。

3 普通地方公共団体の議会に対する請願は、その普通地方公共団体の機関において措置することができるものでなければ、これを受理することができない。

4 普通地方公共団体の議会に対する陳情は、その議員の紹介を要せずにすることができるが、議会は、これを受理する法的な義務はない。

5 普通地方公共団体の議会が採択した請願をその普通地方公共団体の長その他の執行機関に送付したときは、これらの者は、その請願に従って措置を講じなければならない。

【問43】 請願・会議規則   正解：4

1：✕　会議規則は、記述のとおりであるが（120条）、議会の委員会
は、委員会規則を定めることはできない。

2：✕　請願することができる者に制限はなく、住民であるか否か、
日本国民であるか否か、法人であるか否かを問わない。また、議会
の開会の有無を問わずすることができる（124条）。

3：✕　請願の形式等が整っている以上、議会は、その内容がその普
通地方公共団体の機関において措置することができるか否かを問わ
ず、受理しなければならない。

4：〇　陳情は、公の機関に対して、一定の事項についての実情を述
べ、適切な措置を講じることを要望することをいうが、これについ
て地方自治法には規定はない。

5：✕　請願の送付を受けた執行機関は、誠意をもってこれを処理す
るべきであるが、請願に従って措置を講じなければならないわけで
はない。

Point Check!

□議会は、会議規則を設けなければならない。会議規則には、会議の
　議事手続のほか、委員会の議事手続、議員派遣等も規定する。会議
　規則違反は、懲罰事由となる。

□議会に対する請願は、開会中か否かを問わず、何人も、議員の紹介
　により、請願書を提出して、することができる。

□適法な請願は、その内容を問わず、受理しなければならない。

□議会は、採択した請願で長その他の執行機関が措置することが適当
　と認めるものは、①これらの者にこれを送付し、②請願の処理の経
　過・結果の報告を請求することができる。

□請願の送付を受けた長その他の執行機関は、誠実に処理すべきであ
　るが、請願の内容に拘束されるわけではない。

【問44】 議会における紀律 重要度 ★

■議会における紀律に関して、正しいものはどれか。

1 普通地方公共団体の議会の議長は、会議中議場の秩序を乱す議員があるときは、これを制止することができるが、議場の外に退去させることはできない。

2 普通地方公共団体の議会の議長は、傍聴人が会議を妨害するときは、これを退場させることができるが、警察官に引き渡すことはできない。

3 普通地方公共団体の議会の議長は、傍聴席が騒がしいときは、全ての傍聴人を退場させることができるが、その日の会議を閉じ、又は中止することはできない。

4 普通地方公共団体の議会の議員は、会議においては、他人の私生活にわたる言論をしてはならないが、委員会においては、そのような言論の禁止は定められていない。

5 普通地方公共団体の議会の会議において侮辱を受けた議員は、議会にその旨を訴えることができるが、単独で懲罰を求めることはできない。

【問44】 議会における紀律　　　　　　　　　　　　　正解：3

1：✗　記述の場合に、制止又は発言の取消しの命令に従わないときは、議場の外に退去させることができる（129条1項）。

2：✗　傍聴人を退場させた場合に、必要があるときは、当該警察官に引き渡すことができる（130条1項）。

3：〇　その日の会議を閉じ、又は中止できるのは、議場が騒然として整理が困難と認めるときである（129条2項）。

4：✗　委員会においても、無礼の言葉を使用し、又は他人の私生活にわたる言論をしてはならない（132条）。

5：✗　懲罰の動議は、議員定数の8分の1以上の者の発議によるが（135条2項）、記述の場合は、その例外である（133条）。

Point Check!

□議長は、会議中、地方自治法・会議規則に違反しその他議場の秩序を乱す議員があるときは、①制止又は発言の取消しを命じ、②命令に従わないときは、その日の会議終了までの発言禁止又は議場外への退去を命じることができる。

□議長は、議場が騒然として整理が困難と認めるときは、その日の会議を閉じ、又は中止することができる。

□議長は、傍聴人が会議を妨害するときは、①制止を命じ、②命令に従わないときは退場させ、③必要がある場合は当該警察官に引き渡すことができる。また、傍聴席が騒がしいときは、全ての傍聴人を退場させることができる。

□議長は、会議の傍聴に関する規則を設ける。

□議員は、会議又は委員会において、無礼の言葉を使用し、又は他人の私生活にわたる言論をしてはならない。

□会議又は委員会において侮辱を受けた議員は、単独で、議会に訴えて処分を求めることができる。

【問45】 懲罰　　　　　　　　　　　　　　　　重要度　★

■懲罰に関して、正しいものはどれか。

1　普通地方公共団体の議会の議員の懲罰は、戒告、陳謝、一定期間の出席停止及び除名であるが、条例でこれら以外の懲罰を設けることもできる。

2　普通地方公共団体の議会は、議会の議員が議会活動と関係なく行った私人としての非行についても、議員としての品位を傷付けるときは、懲罰を科することができる。

3　普通地方公共団体の議会の議員に対する懲罰は、その事犯があった会期中に科さなければならず、閉会中審査に付すことなく次の会期において科すことはできない。

4　普通地方公共団体の議会は、懲罰として科した公開の議場における陳謝を議員が行わない場合であっても、これを理由に改めて懲罰を科すことはできない。

5　普通地方公共団体の議会の議員は、他の議員が正当な理由なく会議に出席しないときは、議員定数の8分の1以上の者の発議により懲罰の動議を提出することができる。

【問45】 懲罰　　　　　　　　　　　　　　　　　　　　正解：3

1：✗　懲罰は、記述の4種類に限られる（135条1項）。

2：✗　懲罰は、会議体としての議会の秩序の維持と円滑な運営の確
保のための制度であり、議会活動と関係ない行為はその対象となら
ないと解されている（昭28・11・20最判）。

3：○　懲罰についても、会期不継続の原則が適用される（119条）。

4：✗　議員が科された懲罰に従わないことは、新たな地方自治法違
反として懲罰事由となる。

5：✗　欠席議員に対する懲罰の提案権は、議長に専属し、議員には
提案権がない（137条）。

Point Check!

□議会は、①地方自治法、②会議規則、③委員会に関する条例に違反
した議員に対し、議決により懲罰を科することができる。懲罰に関
し必要な事項は、会議規則中に定める。

□懲罰には、①公開の議場における戒告、②公開の議場における陳謝、
③一定期間の出席停止、④除名がある。懲罰に従わないことも懲罰
事由となる。

□懲罰の動議は、議員定数の8分の1以上の者の発議による。

□除名は、議員の3分の2以上が出席し、その4分の3以上の者の同
意を必要とする。議会は、除名され再び当選した議員を拒めない。

□議員が正当な理由なく招集に応じず又は正当な理由なく会議に欠席
し、議長が特に招状を発してもなお故なく出席しないときは、議長
は、議会の議決を経て懲罰を科せる。

【問46】 事務局等

重要度 ★

■事務局等に関して、正しいものはどれか。

1 普通地方公共団体の議会には、事務局を置かなければならないが、市町村の議会は、条例で定めて事務局を置かないことができる。

2 普通地方公共団体の議会の事務局には、事務局長、書記その他の職員を置き、普通地方公共団体の長の補助機関である職員のうちから、議長が命ずる。

3 普通地方公共団体の議会の事務局長は議長の命を受け、書記その他の職員は上司の指揮を受けて、議会に関する事務に従事する。

4 普通地方公共団体の議会の事務局長又は書記長は、書記その他の職員に書面又は電磁的記録により会議録を作成させ、議長の署名又は署名に代わる措置を得る。

5 普通地方公共団体は、協議により規約を定め、共同して議会の事務局を置くことができるが、書記長、書記その他の職員を共同して置くことはできない。

【問46】 事務局等　　　　　　　　　　　　　　　　　　　正解：3

1 ： ✕　都道府県の議会には、条例で定めることなく、事務局が置か
れる。市町村の議会には、条例の定めるところにより、事務局を置
くことができる（138条1・2項）。

2 ： ✕　普通地方公共団体の長の補助機関である職員のうちから議長
が命ずるのではなく、議長が任免する（138条5項）。

3 ： ○　記述のとおり（138条7項）。

4 ： ✕　会議録は、議長が事務局長又は書記長（書記長を置かない町
村においては書記）に作成させ、議長及び議会において定めた2人
以上の議員がこれに署名し、又は署名に代わる措置をとる（123条
1～3項）。

5 ： ✕　書記長、書記その他の職員を共同して置くこともできる（252
条の7第1項）。

Point Check!

□①都道府県の議会に事務局を置く。②市町村の議会に条例の定める
ところにより、事務局を置くことができる。

□①事務局に、事務局長、書記その他の職員を置く。②事務局を置か
ない市町村の議会に、書記長、書記その他の職員を置く（町村には
書記長を置かないことができる。）。

□事務局長、書記長、書記その他の職員は、議長が任免する。

□常勤の職員（臨時の職を除く。）の定数は、条例で定める。

□事務局長・書記長は議長の命を受け、書記その他の職員は上司の指
揮を受けて、議会に関する事務に従事する。

□普通地方公共団体は、協議により規約を定め、共同して、事務局若
しくは事務局の内部組織又は事務局長、書記長、書記その他の議会
の事務に従事する職員を置くことができる。

【問47】 執行機関　　　　　　　　　　　重要度　★★

■執行機関に関して、正しいものはどれか。

1　普通地方公共団体の執行機関は、その担任する普通地方公
　共団体の事務について、自らの判断と責任において、管理
　し、執行することとされており、これは、国の行政組織と
　同様である。

2　普通地方公共団体の執行機関の組織は、普通地方公共団体
　の長の所轄の下に、それぞれ明確な範囲の所掌事務と権限
　を有する執行機関によって、系統的に構成しなければなら
　ず、これは、国の行政組織と同様である。

3　普通地方公共団体の執行機関相互の間にその権限につき疑
　義が生じたときは、当該普通地方公共団体の長がこれを裁
　定することとされており、これは、国の行政組織と同様で
　ある。

4　普通地方公共団体には、その執行機関として普通地方公共
　団体の長のほか、法律の定めるところにより、委員会又は
　委員を置くこととされており、国の行政機関の設置が法律
　の定めるところによるのと同様である。

5　普通地方公共団体は、法律の定めるところにより、執行機
　関の附属機関として調停、審査、諮問等のための機関を置
　くことができ、国の行政機関に、法律の定めるところによ
　り審議会等を置くことができるのと同様である。

【問47】 執行機関　　　　　　　　　　　　　　　　　　　　正解：4

1：✕　記述の前半は正しいが（138条の2）、国の場合は、内閣総理
　大臣が、閣議にかけて決定した方針に基づいて、行政各部を指揮監
　督する（内閣法6条）。

2：✕　記述の前半は正しいが（138条の3第1項）、国の行政組織は、
　内閣の統轄（上級機関が下級機関を総合調整しつつ指揮監督するこ
　と）の下に置かれる（行組法2条1項）。

3：✕　記述の場合には、普通地方公共団体の長が調整するように努
　める（138条の3第3項）。国の場合は、内閣総理大臣が、閣議にか
　けて、裁定する（内閣法7条）。

4：〇　記述のとおり（138条の4第1項、行組法3条2項）。

5：✕　普通地方公共団体は、条例の定めるところによっても、記述
　の機関を置くことができる（138条の4第3項）。

Point Check!

□執行機関は、その担任する事務を、自らの判断と責任において、誠
　実に管理し及び執行する義務を負う（長の指揮監督を受けない。）。

□①長の所轄（上級機関に対し下級機関が相当程度独立性を持つ関
　係）の下に、明確な範囲の所掌事務と権限を有し、系統的に構成す
　る。②長の所轄の下に、相互の連絡を図り、全て一体として行政機
　能を発揮する。③相互の間に権限に疑義が生じたときは、長が調整
　するように努める。

□執行機関として、長のほか、法律の定めるところにより、委員会又
　は委員が置かれる。

□委員会は、法律の定めるところにより、法令又は条例・規則に違反
　しない範囲で、規則その他の規程を定めることができる。

□法律又は条例の定めるところにより、執行機関の附属機関として調
　停、審査等のための機関を置くことができる。

【問48】 普通地方公共団体の長の地位 （1）　　重要度★★★

■普通地方公共団体の長の地位に関して、正しいものはどれか。

1　普通地方公共団体の議会の議員の選挙権を有する者で、年齢満30年以上のものは都道府県知事の、年齢満25年以上のものは市町村長の被選挙権を有する。

2　普通地方公共団体の長の任期は、4年で、前任の長の任期が満了したときはその日の翌日から、任期満了日前に欠けたときはその欠けた日の翌日から、これを起算する。

3　普通地方公共団体の長が任期中に退職を申し出て、そのために告示された選挙で当選人となったときは、その者の任期については、退職前の残任期間と通算される。

4　普通地方公共団体の長は、特別職の地方公務員であり、これに対し報酬を支給しなければならないほか、職務を行うため要する費用の弁償を受けることができる。

5　普通地方公共団体の長は、その普通地方公共団体の議会の承認を得なければ退職することができないが、議会が閉会中のときは、議長に申し出て退職することができる。

【問48】普通地方公共団体の長の地位（1）　　　　正解：3

1 ：✕　都道府県知事及び市町村長の被選挙権は、普通地方公共団体の議会の議員の選挙権を有する必要はなく、日本国民であればよい（19条2・3項）。

2 ：✕　普通地方公共団体の長の任期は、原則として、選挙の日から起算する（140条2項、公選法259条）。記述は、例外として、任期満了による選挙が地方公共団体の長の任期満了の日前に行われた場合の任期の起算日である。

3 ：○　記述のとおり（140条2項、公選法259条の2）。

4 ：✕　普通地方公共団体の長には、給料及び諸手当を支給しなければならない（204条1・2項）。

5 ：✕　普通地方公共団体の長は、退職しようとする日前、都道府県知事は30日までに、市町村長は20日までに、議会の議長に申し出て、退職することができる（145条）。

Point Check!

☐長は、住民の直接選挙によって選出され、その任期は4年。

☐長の被選挙権は、日本国民で、満30歳以上（都道府県知事）又は満25歳以上（市町村長）のものが有する。

☐長の任期は、選挙の日（任期満了前に選挙が行われた場合で、前任者が任期満了日まで在任したときはその日の翌日、前任者が欠けたときはその日の翌日）から起算する（任期中にした退職の申出に伴う選挙で同じ者が当選したときは、前の任期と通算する。）。

☐長は、特別職の地方公務員（地公法の適用を受けない。）。条例で定めるところにより給料、手当等の支給を受ける。

☐長は、退職しようとする日前、都道府県知事は30日、市町村長は20日までに、議会の議長に申し出て退職する。ただし、議会の同意を得たときは、その期日前に退職できる。

【問49】 普通地方公共団体の長の地位 （2）　　重要度　★★

■普通地方公共団体の長の地位に関して、正しいものはどれか。

1　普通地方公共団体の長は、普通地方公共団体の常勤の職員と兼ねることができないが、非常勤の職であれば、いかなる職であっても兼ねることができる。

2　普通地方公共団体の長は、衆議院議員又は参議院議員と兼ねることができないが、他の普通地方公共団体の議会の議員と兼ねることはできる。

3　普通地方公共団体の長は、普通地方公共団体の常勤の職員のほか、いかなる地方公共団体の常勤の職員とも兼ねることができない。

4　普通地方公共団体の長は、主として当該普通地方公共団体に対し請負をする法人であれば、いかなる法人であってもその役員となることができない。

5　普通地方公共団体の長は、その普通地方公共団体の選挙管理委員会が法人の役員等を兼ねることの禁止を定める規定に該当する旨を決定したときは、その職を失う。

【問49】 普通地方公共団体の長の地位 （２） 　　　　　正解：5

1 ：✕　非常勤の職のうち、短時間勤務の職と兼ねることができない
　ほか（141条２項）、選挙管理委員（182条７項）、監査委員（196条
　３項）、教育委員会の委員（地教行法６条）等との兼職が禁止され
　ている。

2 ：✕　記述の前半は正しいが（141条１項）、普通地方公共団体の議
　員と兼ねることもできない（141条２項）。

3 ：✕　その普通地方公共団体が組織する一部事務組合の管理者等や
　広域連合の長等とは兼ねることができる（287条２項、291条の４第
　４項）。

4 ：✕　その普通地方公共団体が資本金、基本金その他これらに準ず
　るものの２分の１以上を出資している法人の役員は、兼ねることが
　できる（142条、施行令122条）。

5 ：○　記述のとおり（143条１項）。

Point Check!

□長は、①衆議院議員・参議院議員、②地方公共団体の議会の議員、
　③地方公共団体の常勤の職員・短時間勤務職員、④監査委員、選挙
　管理委員会、人事・公平委員会の委員、教育委員会の委員との兼職
　が禁止される。ただし、その普通地方公共団体が組織する一部事務
　組合・広域連合の職員との兼職はできる。

□長は、①その普通地方公共団体に対して請負をする者・その者の支
　配人、②主としてその普通地方公共団体に対し請負をする法人（そ
　の普通地方公共団体が資本金等の２分の１以上を出資するものを除
　く。）の役員等（無限責任社員、取締役、監査役、支配人等）と兼
　業が禁止され、兼業に該当する場合は、失職する。

□兼業禁止に該当するか否かは、選挙管理委員会が決定する。

【問50】 普通地方公共団体の長の権限 （1）　　　重要度　　★

■普通地方公共団体の長の権限に関して、正しいものはどれか。

1　普通地方公共団体の長は、その普通地方公共団体を統理するとされており、その普通地方公共団体の事務の全般をつかさどり、治める地位にある。

2　普通地方公共団体の長は、その普通地方公共団体を統轄するとされており、その普通地方公共団体の事務の全般について、総合的統一を確保する地位にある。

3　普通地方公共団体の長は、その普通地方公共団体を代表するとされており、その長としての行為は、行為そのものではなく法律的効果がその普通地方公共団体に帰属する。

4　普通地方公共団体の長は、その普通地方公共団体を代表するとされており、長以外の執行機関の権限とされている事項についても代表権を有する。

5　普通地方公共団体の長は、その普通地方公共団体を代表するとされているが、代表するのはあくまで執行機関に限られ、議会や住民の全てが含まれるわけではない。

【問50】 普通地方公共団体の長の権限（1）　　　　　　　正解：2

1：✕　普通地方公共団体の長は、その普通地方公共団体を統轄する（147条）。「統理」は、つかさどり、治めるという意味で、普通地方公共団体の議会の議長は、議会の事務を統理する（104条）。

2：○　記述のとおり（147条）。

3：✕　普通地方公共団体の長は、その普通地方公共団体を代表する（147条）。代表は、代理と異なり、長の行った行為そのものが、法律上その普通地方公共団体の行為となることを意味する。

4：✕　普通地方公共団体の長の代表権の具体的な内容は、個別の規定の定めるところにより、他の執行機関の権限に及ぶものではない。

5：✕　代表するとは、法律関係における代表権を有するにとどまらず、執行機関、議会及び住民の全てに関して、その普通地方公共団体の政治的、経済的な利益や意見を代表する立場にあることをも意味する。

Point Check!

□長は、①その普通地方公共団体を統轄し、②その普通地方公共団体を代表する。

□普通地方公共団体を統轄するとは、その普通地方公共団体の事務の全般について、総合的統一を確保する地位にあることを意味する。

□普通地方公共団体を代表するとは、①長の行った行為が法律上その地方公共団体の行為となること、②その普通地方公共団体の政治的、経済的な利益や意見を代表する地位にあることを意味する。

【問51】 普通地方公共団体の長の権限 （2） 　重要度★★★

■普通地方公共団体の長の権限に関して、正しいものはどれか。

1　普通地方公共団体の長は、法律又は政令により他の執行機関の権限とされた事務を除く普通地方公共団体の事務について、当然にその権限として管理し及び執行する。

2　普通地方公共団体の長は、普通地方公共団体の議会の議決を経るべき事件について、その全ての議案を提出する権限を有している。

3　普通地方公共団体の長は、地方税を賦課徴収し、分担金、使用料、加入金又は手数料を徴収するが、過料については、裁判所が科する。

4　普通地方公共団体の財産を取得し、管理し、及び処分することは、普通地方公共団体の長の権限であり、他の機関は、全てこれらの権限はない。

5　内部統制の方針を定めた普通地方公共団体の長は、毎年少なくとも1回、その方針及びこれに基づき整備した体制について評価した報告書を監査委員の審査に付し、その意見を付けて議会の認定に付さなければならない。

【問51】 普通地方公共団体の長の権限（2）　　　　　　正解：1

1：○　記述のとおり（148条、149条9号）。

2：×　例えば、議員資格の決定（127条1項）、懲罰（134条1項）等、その性質上議員に限り提出することができるものがある。

3：×　過料は、秩序罰として科される行政罰であり、地方自治法に基づく過料は、普通地方公共団体の長が科する（149条3号）。

4：×　地方公営企業の用に供する資産の取得、管理及び処分は、地方公営企業の管理者の権限であり（地公企法9条7号）、教育財産の管理は、教育委員会の権限である（地教行法21条2号）。

5：×　記述の前半は正しいが、報告書は、議会に提出するが、認定に付されるのではない（150条）。

Point Check!

□長は、その地方公共団体の事務（他の執行機関の権限に属する事務を除く事務）を管理し及びこれを執行する。

□長の担任する事務は、おおむね次のとおり。①議会の議決を経るべき事件の議案の提出、②予算の調製及び執行、③地方税の賦課徴収、分担金、使用料、加入金又は手数料の徴収、過料を科すること、④決算を議会の認定に付すること、⑤会計の監督、⑥財産の取得、管理及び処分、⑦公の施設の設置、管理及び廃止、⑧証書及び公文書類の保管、⑨①～⑧のほか、普通地方公共団体の事務の執行

□都道府県知事・指定都市の市長は、内部統制に関する方針（①財務に関する事務、②特に必要と認める事務の管理・執行の法令への適合及び適正な執行を確保するための方針）を定め、これに基づき必要な体制を整備する。その他の市町村長は、その努力義務。方針を定めた長は、毎会計年度、内部統制の評価報告書を作成し、監査委員の審査に付し、議会に提出・公表する。

【問52】 普通地方公共団体の長の権限 （3） 　　重要度 ★★

■普通地方公共団体の長の権限に関して、正しいものはどれか。

1 　普通地方公共団体の長が病気のために入院しその職務を行えないときは、事故があるときではないから、副知事又は副市町村長がその職務を代理することはない。

2 　普通地方公共団体の長が欠け、副知事又は副市町村長も欠けたときは、その補助機関である職員のうちから普通地方公共団体の規則で定めた上席の職員が長の職務を代理する。

3 　普通地方公共団体の長は、その権限に属する事務の一部をその補助機関である職員に委任することができ、委任した場合は、その事務に関する権限を失う。

4 　普通地方公共団体の長からその権限に属する事務の一部の委任を受けた者は、普通地方公共団体の長の受任者であることを明示して、その事務を処理しなければならない。

5 　普通地方公共団体の長からその権限に属する事務の委任を受けた職員は、委任行為において特に禁止がなされていない限り、その事務を更に委任することができる。

【問52】 普通地方公共団体の長の権限（3）　　　　　正解：3

1：✕　普通地方公共団体の長に事故があるとき（152条1項）とは、長期又は遠隔の旅行、病気その他何らかの事由によりその職を自ら行うことができない場合をいう。

2：✕　記述の場合は、補助機関である職員のうちから普通地方公共団体の長の指定する職員がその職務を代理する。指定する職員がないときは、記述のとおり（152条2・3項）。

3：○　記述のとおり。

4：✕　委任は、代理と異なり、委任を受けた事務は受任者の職務権限となるから、受任者であることを明示してその事務を処理する必要はない。

5：✕　委任には、再委任を含まない。

Point Check!

□長に事故があるとき又は長が欠けたときは、副知事・副市町村長（2人以上あるときは、①あらかじめ長が定めた順序、②その定めがないときは席次の上下、③席次の上下が明らかでないときは年齢の多少、④年齢が同じときはくじにより定めた順序による。）がその職務を代理する。

□①副知事・副市町村長も欠けたとき、②副知事・副市町村長を置かない場合に長に事故があり又は長が欠けたときは、補助機関である職員のうちから長が指定する職員（その者がないときは、規則で定めた上席の職員）が職務を代理する。

□長は、その権限に属する事務の一部を、その補助機関である職員に①委任し、又は②臨時に代理させることができる。委任した場合は、委任者がその権限として事務を処理する。ただし、議会の招集・解散権、再議権等の長に固有の権限は、委任できないと解されている。

【問53】 普通地方公共団体の長の権限 （4） 重要度 ★

■普通地方公共団体の長の権限に関して、正しいものはどれか。

1 普通地方公共団体の事務所の位置は条例で、支庁及び地方事務所並びに支所及び出張所の位置、名称及び所管区域は普通地方公共団体の規則で、それぞれ定める。

2 普通地方公共団体の事務所等を定めるに当たっては、その事務の管理及び執行に最も便利であるように、他の官公署との関係等について考慮を払わなければならない。

3 普通地方公共団体の長は、法律の定めるところによらなければ、保健所、警察署その他の特定の行政部門の権能を処理する行政機関を設けることができない。

4 普通地方公共団体の長は、その普通地方公共団体の区域内の公共的団体等の活動の総合調整を図るため、これを指揮監督することができる。

5 普通地方公共団体の長は、その権限に属する事務を分掌させるため、その普通地方公共団体の規則の定めるところにより、必要な内部組織を設けることができる。

【問53】 普通地方公共団体の長の権限 （4）　　　　　　　正解：4

1：✕　いずれも条例で定めなければならない（4条1項、155条2項）。

2：✕　住民の利用に最も便利であるように、適当な考慮を払わなければならない（4条2項、155条3項）。

3：✕　記述のいわゆる個別出先機関は、法律のほか、条例で定めるところにより設置することができる（156条1項）。

4：〇　記述のとおり（157条1項）。

5：✕　普通地方公共団体の長の直近下位の内部組織の設置及びその分掌する事務については、条例で定める（158条1項）。

 Point Check!

□長は、その補助機関である職員を指揮監督する。

□①地方公共団体の事務所の位置は条例（出席議員の3分の2以上の者の同意が必要）で定め、②条例で、総合出先機関（都道府県の支庁・地方事務所、市町村の支所・出張所）を設置し、その位置、名称及び所管区域は条例で定め、③法律又は条例の定めるところにより、個別出先機関（保健所、警察署等）を設置し、その位置、名称及び所管区域は条例で定める。これらの位置は、住民の利用に最も便利であるように、適当な考慮を払わなければならない。

□長は、権限に属する事務を分掌させるため、内部組織を設けることができる（長の直近下位の内部組織の設置・分掌事務は、条例で定める。）。

□普通地方公共団体の長は、区域内の公共的団体等について、①活動の総合調整を図るための指揮監督、②事務の報告をさせ、書類・帳簿の提出、実地視察、③監督上必要な処分又は監督官庁の措置の申請ができる。

【問54】 副知事・副市町村長 (1)　　　　重要度★★★

■副知事・副市町村長に関して、正しいものはどれか。

1　都道府県には副知事を、市町村には副市町村長を、それぞれ置き、その定数は条例で定めるが、これらを置かないことはできない。

2　その普通地方公共団体の議会の議員及び長の選挙権を有しない者は、副知事又は副市町村長となることができず、これを有しなくなったときは、その職を失う。

3　副知事又は副市町村長は、心身の故障のため職務の遂行に堪えないとき、又は職務上の義務違反その他その職たるに適しない非行があるときを除き、罷免されない。

4　副知事及び副市町村長は、普通地方公共団体の長がその議会の同意を得てこれを選任するが、これを罷免するときは、議会の同意を得ることを要しない。

5　普通地方公共団体の長と親子、夫婦又は兄弟姉妹の関係にある者は、副知事又は副市町村長となることができず、そのような関係が生じたときは、その職を失う。

【問54】 副知事・副市町村長 （1）   正解： 4

1 ：✕　副知事又は副市町村長は、条例で置かないことができる（161
　条1項）。
2 ：✕　選挙権又は被選挙権を有しない者は、副知事又は副市町村長
　となることができないが、その普通地方公共団体の議会の議員及び
　長の選挙権を有する必要はない（164条）。
3 ：✕　副知事又は副市町村長の罷免事由に制限はなく、都道府県知
　事及び市町村長は、いつでも罷免することができる（163条）。
4 ：○　記述のとおり（162条、163条）。
5 ：✕　記述のような制限は、規定されていない。

Point Check!

□都道府県に副知事を、市町村に副市町村長を置く（条例で置かない
　ことができる。）。その定数は、条例で定める。
□長が議会の同意を得て選任し、任期は4年。事由を問わず、任期中
　でも解職できる（議会の同意は、不要）。
□長と同じく、①選挙権・被選挙権を有しない場合に失職し、②衆議
　院議員・参議院議員、議会の議員及び地方公共団体（組織する一部
　事務組合・広域連合を除く。）の常勤職員・短時間勤務職員等との
　兼職が禁止され、③当該普通地方公共団体に対し請負をする者、主
　として請負をする法人（2分の1以上を出資するものを除く。）の
　役員等との兼業が禁止されている。③に該当するときは、長が解職
　する。

【問55】 副知事・副市町村長 （2）　　　重要度★★★

■**副知事・副市町村長に関して、正しいものはどれか。**

1　副知事及び副市町村長の職務は、その普通地方公共団体の長を補佐することであり、自ら政策及び企画をつかさどることではない。

2　副知事及び副市町村長の職務は、普通地方公共団体の長の補助機関である職員の担任する事務を監督することであり、長の補助機関である職員を指揮監督することではない。

3　普通地方公共団体の長は、その権限に属する事務の一部を副知事又は副市町村長に臨時に代理させることができ、この場合、副知事又は副市町村長は、自己の名において行為する。

4　副知事及び副市町村長は、その普通地方公共団体に対し請負をする者であるときは失職し、これに該当するか否かは、その普通地方公共団体の選挙管理委員会が決定する。

5　普通地方公共団体の長の職務を代理する副知事又は副市町村長は、退職しようとするときは、その普通地方公共団体の議会の承認を得なければならない。

【問55】 副知事・副市町村長（2）　　　　　　　　　　　　　正解：2

1 ：✕　普通地方公共団体の長の補助のほかに、その命を受けて政策
及び企画をつかさどることも職務である（167条1項）。

2 ：○　長の補助機関である職員を指揮監督するのは、長の権限であ
る（154条、167条1項）。

3 ：✕　代理は、委任と異なり、長の権限に属する事務を長の名にお
いて行い、長の行為としての効果を生ずる。また、長は、その事務
に関する権限を失わない。

4 ：✕　副知事及び副市町村長が兼業禁止規定（166条2項）に該当
するときは、普通地方公共団体の長が解職しなければならない（166
条3項）。

5 ：✕　退職しようとする日前20日までに、議会の議長に申し出なけ
ればならないが、議会の承認を得たときは、その期日前に退職する
ことができる（165条1項）。

Point Check!

□副知事・副市町村長は、①長を補佐し、②長の命を受け政策及び企
画をつかさどり、③長の補助機関である職員の担任する事務を監督
し、④長に事故があるとき又は長が欠けたときに長の職務を代理し、
⑤長の意思により、その権限に属する事務の一部を臨時に代理し、
⑥長の委任を受け、長の権限に属する事務の一部を執行する。

□①長の職務を代理する副知事・副市町村長は、退職しようとする日
前20日までに、議会の議長に申し出る。ただし、議会の承認を得た
ときは、その期日前に退職ができる。② ①以外の副知事・副市町
村長は、退職しようとする日前20日までに、長に申し出る。ただし、
長の承認を得たときは、その期日前に退職できる。

【問56】 会計管理者　　　　　　　　　　　　重要度★★★

■会計管理者に関して、正しいものはどれか。

1　普通地方公共団体には、会計管理者１名を置き、普通地方
　公共団体の長が議会の同意を得て選任するが、条例で定め
　てこれを置かないことができる。

2　会計管理者は、法律又はこれに基づく政令に特別の定めが
　あるものを除き、その普通地方公共団体の会計事務をつか
　さどり、普通地方公共団体の長の監督を受けない。

3　会計管理者は、普通地方公共団体の支出の原因となるべき
　契約その他の支出負担行為を行い、これに基づき支出をす
　る。

4　会計管理者は、その普通地方公共団体の決算を調製し、こ
　れを普通地方公共団体の長に提出し、普通地方公共団体の
　長は、これを議会の認定に付する。

5　会計管理者は、現金の出納及び保管並びに有価証券の出納
　及び保管を行うが、物品については、その出納や保管を行
　うことはない。

【問56】会計管理者   正解：4

1：✕　会計管理者は、普通地方公共団体の長がその補助機関である
　　職員のうちから命ずる。また、会計管理者は1人を置き、これを置
　　かないことはできない（168条1・2項）。
2：✕　記述の前半は正しいが（170条1項）、会計管理者は、長の補
　　助機関であり、長の会計の監督（149条5号）を受ける。
3：✕　会計管理者は、支出負担行為に関する確認を行い（170条2
　　項6号）、支出をする。
4：○　記述のとおり（149条4号、170条2項7号）。
5：✕　会計管理者は、物品の出納及び保管（使用中の物品に係る保
　　管を除く。）を行う（170条2項4号）。

Point Check!

□普通地方公共団体に会計管理者1人を置く。長の補助機関である職
　員のうちから、長が命ずる。
□長、副知事・副市町村長又は監査委員と親子、夫婦又は兄弟姉妹の関
　係にある者はなることができず、その関係が生じたときは、失職する。
□法律又はこれに基づく政令に特別の定めがあるものを除き、会計事
　務をつかさどる（長の会計監督権に服する。）。
□会計事務は、おおむね次のとおり。①現金（現金に代えて納付され
　る証券及び基金に属する現金を含む。）の出納・保管、②小切手の
　振出し、③有価証券（公有財産・基金に属するものを含む。）の出
　納・保管、④物品（基金に属する動産を含む。）の出納・保管（使
　用中の物品の保管を除く。）、⑤現金・財産の記録管理、⑥支出負担
　行為に関する確認、⑦決算の調製・長への提出
□長は、会計管理者に事故があるときは、長の補助機関である職員に
　その事務を代理させることができる。

【問57】 普通地方公共団体の長のその他の補助職員 　重要度 　★

■普通地方公共団体の長の補助職員に関して、正しいものはどれか。

1 　普通地方公共団体に出納員その他の会計職員を置き、普通地方公共団体の長の補助機関である職員のうちから長が命ずるが、町村では、出納員を置かないことができる。

2 　会計管理者は、その行う会計事務の一部を出納員に委任することができ、出納員は、その委任を受けた事務の一部を出納員以外の会計職員に委任することができる。

3 　普通地方公共団体は、会計管理者の権限に属する事務を処理させるため、条例の定めるところにより、必要な組織を設けることができる。

4 　普通地方公共団体の長の全ての補助職員の定数は、条例で定め、この条例で定める定数を超えて職員を採用した場合には、その採用は無効となる。

5 　普通地方公共団体は、条例で定めるところにより、臨時の専門委員を置くことができ、専門委員は、その権限に属する事務に関し必要な事項を調査する。

【問57】 普通地方公共団体の長のその他の補助職員　　　　正解：1

1：○　記述のとおり（171条1・2項）。

2：✕　普通地方公共団体の長が、会計管理者にその事務の一部を出納員に委任させ、出納員にその委任事務の一部を出納員以外の会計職員に委任させることができる（171条4項）。

3：✕　記述の組織は、普通地方公共団体の長が規則で設けることができる（171条5項）。

4：✕　臨時又は非常勤の職は、定数条例の定数に含まれない。また、定数条例に定める定数を超えた職員の採用は、違法であるが、採用は当然に無効とはならないと解されている（昭39・5・27最判）。

5：✕　専門委員の設置は、条例による必要はない。また、常設の専門委員を置くこともできる（174条1項）。

Point Check!

□会計管理者の事務を補助させるため、①出納員（町村は置かないことができる。）、②その他の会計職員を置き、長の補助機関である職員のうちから、長が命ずる。

□①出納員は、会計管理者の命を受けて、現金の出納（小切手の振出しを含む。）・保管、物品の出納・保管の事務を、②その他の会計職員は、上司の命を受けて会計事務をつかさどる。

□長は、会計管理者の権限に属する事務を処理させるため、規則で、必要な組織を設けられる。

□普通地方公共団体に長の補助職員を置き、長が任免する。職員（臨時・非常勤の職を除く。）の定数は、条例で定める。

□普通地方公共団体は、常設又は臨時の専門委員（非常勤）を置くことができ、専門の学識経験者から、長が選任する。

【問58】 再議 （1）　　　　　　　　　　重要度★★★

■再議に関して、正しいものはどれか。

1　普通地方公共団体の長は、その普通地方公共団体の議会が行った議決又は選挙について異議があるときは、異議がある旨を示してこれを再議に付し又は再選挙を行わせることができる。

2　普通地方公共団体の長がその議会の議決に異議があるとして再議に付すことができるのは、その議決をした日から10日以内でなければならないが、正当な理由があるときは、この限りではない。

3　普通地方公共団体の長がその議会の議決に異議があるとして再議に付した場合は、議会が出席議員の３分の２以上の者の同意によって同じ議決をしなければ、全ての議決は確定しない。

4　普通地方公共団体の長がその議会の議決に異議があるとして再議に付したが、議会が同じ議決をしたときは、都道府県知事は総務大臣に、市町村長は都道府県知事に審査を申し立てることができる。

5　普通地方公共団体の長は、その議会の議決に異議があるとして再議に付した事件について、議会が再議に付された議決と異なる内容の議決を行った場合には、これに異議があれば、改めて再議に付すことができる。

【問58】 再議 （1）   正解：5

1：✕　議会の選挙について異議がある場合に、再選挙を行わせることはできない。また、異議がある旨ではなく、その理由を示さなければならない（176条1項）。

2：✕　再議に付すことができるのは、正当な理由の有無にかかわらず、議決の日（条例の制定改廃又は予算に関する議決は、送付を受けた日）から10日以内である（176条1項）。

3：✕　議決のうち条例の制定・改廃又は予算に関するものについては、記述のとおりであるが、その他の議決は、過半数の同意で足りる（176条3項）。

4：✕　記述の場合には、議決は確定し、審査の申立てはできない。

5：○　記述のとおり。

 **Point Check!**

□長は、議会の議決に異議があるときは、①他の規定により再議に付す場合等を除き、②その議決の日（条例の制定・改廃又は予算に関する議決は、その送付を受けた日）から10日以内に、③理由を示して、再議に付することができる。

□再議に付されて行った議会の議決が、①再議に付された議決と同じとき（議決は、条例の制定・改廃又は予算に関する議決は、出席議員の3分の2以上の者の同意が必要）は、その議決は確定する。②再議に付された議決と異なるとき（議決は、過半数の同意で可）は、新たに再議に付すこともできる。

【問59】 再議 （2）   重要度★★★

■再議に関して、正しいものはどれか。

1　普通地方公共団体の長は、その議会の選挙が法令に違反すると認めるときは、再選挙を行わせなければならず、議会の選挙がなお法令に違反すると認めるときは、総務大臣又は都道府県知事に審査を申し立てることができる。

2　普通地方公共団体の長は、その議会の議決が収入又は支出に関し執行不能である場合は、これを再議に付さなければならず、議会がなお同じ議決をしたときは、総務大臣又は都道府県知事に審査を申し立てることができる。

3　普通地方公共団体の長は、その議会の議決が法令により負担する経費を削除するものである場合は、これを再議に付さなければならず、議会がなお同じ議決をしたときは、これに従わなければならない。

4　普通地方公共団体の長は、その議会の議決が非常の災害による復旧の施設に必要な経費を削除するものである場合は、これを再議に付さなければならず、議会がなお議決をしたときは、原案のまま執行することができる。

5　普通地方公共団体の長がその議会が行った議決又は選挙を再議に付すことができるのは、その議決又は選挙を行った議会の会期中であり、議会が閉会したときは、再議に付すことができない。

【問59】再議 （2）   正解： 1

1 ： 〇　記述のとおり（176条 4 ・ 5 項）。
2 ： ✕　記述の場合に再議に付さなければならない旨の規定は、平成
24年改正で削られた。
3 ： ✕　記述のときは、普通地方公共団体の長は、原案のまま執行す
ることができる（177条 1 ・ 2 項）。
4 ： ✕　記述のときは、普通地方公共団体の長は、その議決を不信任
の議決とみなすことができる（177条 1 ・ 3 項）。
5 ： ✕　会期が終了した場合には、臨時会を招集して再議に付すこと
ができる。

Point Check!

□長は、議会の議決又は選挙が、①その権限を超え又は②法令・会議
規則に違反すると認めるときは、理由を示して、再議に付し又は再
選挙を行わせなければならない。
□議会の再議決・再選挙がなお上記の①又は②と認めるときは、都道
府県知事は総務大臣、市町村長は都道府県知事に、議決・選挙の日
から21日以内に審査の申立てができる。
□総務大臣・都道府県知事は、議決・選挙が上記の①又は②と認める
ときは、議決・選挙を取り消す旨の裁定ができる。議会又は長は、
裁定に不服があるときは、裁判所に出訴できる。
□長は、議会が、①普通地方公共団体の義務に属する経費又は②非常
災害の応急・復旧の施設のための経費・感染症予防のための経費を、
削除・減額する議決をしたときは、理由を示して再議に付さなけれ
ばならない。
□長は、議会がなお①を削除・減額したときは、その経費と収入を予
算に計上して支出することができ、②を削除・減額したときは、不
信任の議決とみなすことができる。

【問60】 不信任議決と議会の解散 （1）　　重要度★★★

■**不信任議決と議会の解散に関して、正しいものはどれか。**

1　普通地方公共団体の議会が普通地方公共団体の長の不信任の議決を行うには、その議員定数の4分の3以上が出席し、その3分の2以上の同意を得なければならない。

2　普通地方公共団体の議会が普通地方公共団体の長の不信任の議決を行うには、その理由を明らかにして行い、これをその普通地方公共団体の長に通知しなければならない。

3　普通地方公共団体の議会がその普通地方公共団体の長の不信任の議決を行った旨の通知を受けた日から10日以内に議会を解散しないときは、長は、辞職しなければならない。

4　普通地方公共団体の長がその普通地方公共団体の議会を解散することができるのは、議会が長の不信任案を議決した場合に限られ、その他の場合にすることはできない。

5　普通地方公共団体の長は、普通地方公共団体の議会が長の不信任の議決をし、議会の解散後初めて招集された議会において再び不信任の議決をしたときは、その職を失う。

【問60】 不信任議決と議会の解散（1） 　　　　　　　正解：5

1：✗　議員定数ではなく、議員数、すなわち現に在任する議員の総数の3分の2以上が出席し、その4分の3以上の同意を得る必要がある（178条3項）。

2：✗　普通地方公共団体の長の不信任の議決を行うことができる場合に限定はなく、理由を明らかにする必要はない。

3：✗　記述の場合には、長は、辞職しなければならないのではなく、当然にその職を失う（178条2項）。

4：✗　議会が、非常災害による応急・復旧の施設に必要な経費又は感染症予防に必要な経費を削除・減額する議決をし、再議に付してもなおその経費を削除・減額する議決をしたときは、その議決を長の不信任の議決とみなして議会を解散することができる（177条1・3項）。

5：○　議長から当該普通地方公共団体の長に対し不信任の議決があった旨の通知があった日に失職する（178条2項）。

Point Check!

□議会は、その議員数の3分の2以上が出席し、出席議員の4分の3以上の同意を得て、長の不信任の議決を行える。この場合、直ちに議長からその旨を長に通知する。

□長は、議長からの通知を受けたときは、①通知を受けた日から10日以内に議会を解散でき、②解散しないときは、期間が経過した日に失職する。

□議会が解散された場合で、解散後初めて招集された議会において、その議員数の3分の2以上が出席し、その過半数の同意を得て再び不信任の議決を行い、議長からその旨を長に通知したときは、長はその通知のあった日に失職する。

【問61】 不信任議決と議会の解散 （2）
《発展問題》

■不信任議決と議会の解散に関して、正しいものはどれか。

1　普通地方公共団体の長がその普通地方公共団体の議会を解
散することができるのは、議会が長の不信任の旨を議決し
た場合であり、信任案を否決した場合は含まれない。

2　普通地方公共団体の議会は、普通地方公共団体の長の不信
任に係る事件につき再度招集してもなお定足数に達しない
ときは、会議を開き、その議決を行うことができる。

3　普通地方公共団体の議会は、普通地方公共団体の長の不信
任の議決を行った場合でも、議会が解散されるまでの間は、
その議決を撤回する旨を議決することができる。

4　普通地方公共団体の議会が普通地方公共団体の長の不信任
の議決を行った場合に、長が議会を解散する前に議員の任
期が満了したときは、長がその職を失うことはない。

5　普通地方公共団体の長が不信任の議決により議会を解散し
た後招集された議会は、その長の任期中は出席議員の過半
数の者の同意で不信任の議決を行うことができる。

【問61】 不信任議決と議会の解散（２）   正解：4

1：✕　長に対する信任案を178条３項に規定する要件で否決した場合も、不信任の議決と認められる。

2：✕　長の不信任の議決を行うためには、議員数の３分の２以上の者が出席しなければならず（178条３項）、定足数を欠いても会議を開くことができる規定（113条ただし書）の適用はない。

3：✕　不信任の議決の撤回や、その議決の通知の撤回はできないと解されている。

4：○　長が議会を解散する前に、議員の任期が満了したり、全ての議員が総辞職することにより、議員が存在しなくなったときは、長はその職を失わないと解されている。

5：✕　議会の解散後初めて招集された議会において再び不信任の議決をする場合に限り、議員数の３分の２以上の者が出席し、その過半数の者の同意で行うことができると解されている（178条３項）。

Point Check!

□長に対する不信任の議決は、不信任であることが明確であれば、必ずしも不信任案の可決に限らない。

□議会の解散後２回目以降の議会においては、①不信任の議決は、初めて議決する場合と同じ要件を要し、②その場合、長は議会を解散することができる。

□不信任の議決には、必ず、現に存在する議員（議長を含む。）の総数の３分の２以上の出席が必要。また、議決に必要な出席議員の４分の３又は過半数の同意には、それぞれ議長も含まれる。

【問62】 専決処分 （1）　　　　　　　　重要度★★★

■専決処分に関して、正しいものはどれか。

1　普通地方公共団体の議会が議決し、決定し、又は選挙すべき事件であれば、その全てについて専決処分をすることができる。

2　普通地方公共団体の議会が議決すべき事件について、議会がこれを否決したときは、その普通地方公共団体の長は、全てこれについて専決処分をすることができる。

3　普通地方公共団体の長は、普通地方公共団体の議会が議決しない事件について専決処分をしたときは、全てこれを次の会議において議会の承認を求めなければならない。

4　普通地方公共団体の長がした専決処分の承認を求める議案がその議会において否決されたときは、長は、全て何らの措置を講じる義務はなく、政治的な責任のみを負う。

5　普通地方公共団体の議会は、その権限に属する事項のうち、議会が軽易と認めるものは、全て普通地方公共団体の長が専決処分をできるものとして指定することができる。

【問62】 専決処分 （1） 　　　　　　　　　　　　　　　　正解：3

1：✕　副知事又は副市町村長の選任の同意については、専決処分の対象とならない（179条1項）。また、議会が選挙すべき事件については、専決処分を行うことができない。

2：✕　議会が否決したときは、専決処分をすることができない（179条1項）。

3：○　記述のとおり（179条3項）。

4：✕　条例の制定若しくは改廃又は予算に関する処置について承認を求める議案が否決されたときは、長は、速やかに、当該処置に関して必要と認める措置を講ずるとともに、その旨を議会に報告しなければならない（179条4項）。

5：✕　議会の委任による専決処分は、客観的に軽易な事項でなければならない。また、議会における選挙、決定、意見書の提出等、専ら議会が自ら意思決定すべき事項は、対象にならないと解されている。

Point Check!

□専決処分＝地方公共団体の議会が議決又は決定しなければならない事項を、一定の場合に、長が代わって処分すること。①議会において議決・決定が得られない一定の場合（副知事・副市町村長及び総合区長の選任の同意を除く。）に、又は②議会の権限の属する軽易な事項で、その議決により特に指定したものについてすることができる。

□①の場合、長は、次の会議において議会に報告し、承認を求めなければならない。条例の制定・改廃又は予算に関する処置について承認議案が否決されたときは、速やかに、必要な措置を講じ、その旨を議会に報告しなければならない。

□②の場合、長は、議会に報告しなければならない。

【問63】 専決処分 （2）
《発展問題》

■専決処分に関して、正しいものはどれか。

1 普通地方公共団体の長は、ある事件について、緊急を要するため、臨時会の招集の告示をその開会の日前の法定の日までにするいとまがないときは、その事件につき専決処分をすることができる。

2 普通地方公共団体の長は、ある事件について臨時会を招集しても議員定数の半数以上が出席せず、同一の事件につき再度臨時会を招集してもなお半数に達しないときは、その事件につき専決処分をすることができる。

3 普通地方公共団体の長は、その議会が監査委員の選任の同意についていたずらに議会の会期を空費して議事を遅延し、相当の期間内に議決をしないときは、その事件につき専決処分をすることができる。

4 普通地方公共団体の長は、議会が関係行政庁に提出する意見書について、大規模災害の発生により会議を開くことができず、議決することができないときは、その事件につき専決処分をすることができる。

5 条例の制定の直接請求を受けた普通地方公共団体の長は、その議会の在任議員の数がその議員定数の半数に満たない場合には、その直接請求された事件につき専決処分をすることができる。

【問63】 専決処分 （2）   正解：3

1：✕　緊急を要する場合は、法所定の日までに告示することなく議
会を招集することができるから（101条7項）、専決処分をすること
はできない（179条1項）。

2：✕　記述の場合には、会議を開くことができるから（113条ただ
し書）、専決処分をすることはできない（179条1項）。

3：○　外的事情により議会が議決できない場合のほか、議会が故意
に議決しない場合も専決処分をすることができる（179条1項）。ま
た、監査委員の選任の同意は、専決処分の対象から除外されていな
い。

4：✕　意見書の提出、不信任の議決等、普通地方公共団体の事務の
執行と関係のない事件については、専決処分をすることができない
と解されている。

5：✕　在任議員の数が議員定数の半数に満たない場合は、専決処分
をすることができるが（179条1項）、条例制定の直接請求について
専決処分をすることはできないと解されている。

Point Check!

□長は、次の場合に専決処分をすることができる。
　①議会が成立しないとき（在任する議員数が議員定数の半数に満た
　　ないとき）
　②定足数を欠いていても会議を開ける場合（113条ただし書）にな
　　お会議を開くことができないとき（出席議員が議長のほか1人の
　　とき）
　③議会の議決・決定すべき事件について特に緊急を要するため議会
　　を招集する時間的余裕がないことが明らかと長が認めるとき
　④議会において議決・決定すべき事件を議決しないとき

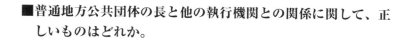

【問64】 普通地方公共団体の長と他の執行機関との関係　重要度　★

■普通地方公共団体の長と他の執行機関との関係に関して、正しいものはどれか。

1　普通地方公共団体の長は、その権限に属する事務の一部を、その普通地方公共団体の委員会又は委員と協議して、これらの執行機関の事務を補助する職員に委任することができる。

2　普通地方公共団体の長は、その権限に属する事務の一部を、当該普通地方公共団体の委員会又は委員と協議して、これらの委員会の委員長又は委員をして補助執行させることができる。

3　普通地方公共団体の長は、その普通地方公共団体の委員会又は委員と協議して、長の補助機関である職員を、その執行機関の委員と兼ねさせ、若しくはその委員に充て、又は当該執行機関の事務に従事させることができる。

4　普通地方公共団体の長は、その普通地方公共団体の委員会若しくは委員の事務局等の組織、これに属する職員の定数又はその身分取扱について、委員会又は委員に必要な措置を講ずべきことを指示することができる。

5　普通地方公共団体の長は、予算の執行の適正を期するため、委員会若しくは委員に対して、予算の執行状況を実地について調査し、又はその結果に基づいて必要な措置を講ずることを勧告することができる。

【問64】 普通地方公共団体の長と他の執行機関との関係　　　正解：1

1 ： ○　記述のとおり（180条の2）。
2 ： ✕　委員会、委員長（教育委員会は、教育長）又は委員に委任することはできるが、委員長又は委員に補助執行させることはできない（180条の2）。
3 ： ✕　長の補助機関の職員を他の執行機関の委員と兼任させ、又はその委員に充てることはできない（180条の3）。
4 ： ✕　長は、委員会又は委員に対し、記述の勧告をすることができるが、指示することはできない（180条の4第1項）。
5 ： ✕　予算執行権は、普通地方公共団体の長にあり（149条2号）、長は、予算執行の適正を期すため必要な措置を講ずることを求めることができ、求められた者は、これに従う義務がある（221条1項）。

Point Check!

□長は、各執行機関を通じて組織・運営の合理化を図り、相互間の均衡を保持するため、①執行機関の組織、職員の定数又は職員の身分取扱いについて勧告し、②①の事項に関する規則その他の規程の制定・変更について協議を受ける。

□長は、予算執行の適正を期すために、執行機関等に対し、①収入・支出の実績・見込みについて報告を徴し、②予算の執行状況を実地調査し、③その結果に基づき措置を求める。

□長は、公有財産の効率的運用を図るため、執行機関等から、①公有財産の取得・管理について、報告を徴し、実地調査し又はその結果に基づいて措置を求める、②公有財産の取得、行政財産の用途変更、長の指定する行政財産の土地の貸付け等について協議を受ける。

【問65】 行政委員会 （1）　　　　　　　　重要度　★★

■行政委員会に関して、正しいものはどれか。

1　普通地方公共団体の執行機関としての委員会又は委員は、
　法律の定めるところにより置くほか、条例の定めるところ
　によりその普通地方公共団体に置くことができる。

2　普通地方公共団体の委員会又は委員は、行政の中立性を確
　保すべき事務、行政の能率的な処理を必要とする事務、民
　主的な処理を必要とする事務等のために置かれる。

3　普通地方公共団体の委員会の委員及び委員の選任は、普通
　地方公共団体の長が単独で選任するのではなく、その議会
　の同意若しくは選挙又は関係者の選挙等の方法が定められ
　ている。

4　普通地方公共団体の委員会の委員及び委員は、非常勤とさ
　れ、また、その普通地方公共団体に対し主として請負をす
　る法人の役員等との兼業を制限されない。

5　普通地方公共団体の委員会の委員及び委員には、任期の定
　めがあり、選挙権を失う等の欠格事由に該当しない限り、
　その任期中にその意に反して罷免されない。

【問65】 行政委員会 （1）   正解：3

1：✕　執行機関としての委員会又は委員は、法律の定めるところにより置き（180条の5）、条例で置くことはできない。

2：✕　行政の能率的な処理や民主的な処理は、住民を直接代表する普通地方公共団体の長においても可能である。

3：○　記述のとおり。

4：✕　法律に特に定めがある場合を除き、非常勤とされ、また、主としてその普通地方公共団体に対しその職務に関し請負をする法人の役員等との兼業が禁止されている（180条の5第5・6項）。

5：✕　委員は、一般に、心身の故障のため職務の遂行に堪えないときや職務上の義務違反等が罷免事由として定められている（184条の2、197条の2等）。

Point Check!

□行政委員会（委員会・委員）は、普通地方公共団体の執行機関。

□①中立性の確保が必要な事務（公安委、選挙管理委等）、②専門的知識に基づく公正な処理が必要な事務（監査委員等）、③権利保護のために公正な手続が必要な事務（人事委、公平委等）、④利害調整のために利益代表の参加が必要な事務（労働委等）等のために設置されている。

□①一般に、議会の同意・選挙、関係者の選挙等により選任され、②任期制で、心身の故障、非行がある場合等を除き、意に反して罷免されず、③法律に定めがあるものを除き、非常勤で、④地方公共団体に対し職務に関し請負をする者等又は主として同一の行為をする法人（資本金等の2分の1以上を出資するものを除く。）の役員との兼業が禁止されるほか、一定の職と兼職等が禁止される。

【問66】 行政委員会 (2)　　　　重要度 ★★

■行政委員会に関して、正しいものはどれか。

1　普通地方公共団体の長は、その普通地方公共団体の事務を管理し、及び執行し、普通地方公共団体の委員会又は委員は、この事務を分掌し、自らの判断と責任において、管理し、及び執行する。

2　普通地方公共団体の長は、普通地方公共団体の議会の議決を経るべき事件については、普通地方公共団体の委員会又は委員の事務に係るものであっても、その同意を得ることなく、その議案を提出することができる。

3　普通地方公共団体の委員会又は委員は、普通地方公共団体の予算を執行することはできないから、委員会又は委員に関する予算は、必ず普通地方公共団体の長が支出負担行為や支出命令行為を行う。

4　普通地方公共団体の委員会又は委員は、地方税を賦課徴収し、分担金若しくは加入金を徴収することはできないが、その委員会又は委員の管理する公の施設に係る使用料等の徴収は、この限りでない。

5　普通地方公共団体の委員会又は委員は、その権限に属する事務の一部を、当該普通地方公共団体の長と協議して、普通地方公共団体の長に委任し、又は長をして補助執行させることができる。

【問66】 行政委員会 （2） 　　　　　　　　　　　　　　　正解：2

1：✕　普通地方公共団体の長の事務を分掌するのではない。「分掌」は、ある機関の権限に属する事務を事務処理の便宜のため、特定の部局又は者に分けて処理することをいう。

2：○　同意を得ることは、法律上定められていない。ただし、教育に関する事務については、教育委員会の意見を聴くことが定められている（地教行法29条）。

3：✕　長は、予算執行に関する事務の一部を、委員長、委員、その補助職員等に委任することができる（180条の2）。

4：✕　長の委任を受けた場合（180条の2）を除き、その管理する公の施設に係る使用料等の徴収権はない。

5：✕　長に委任したり、補助執行させることはできない（180条の7）。

Point Check!

□行政委員会は、①予算の調製及び執行、②議会への議案の提出、③地方税の賦課徴収、分担金・加入金の徴収又は過料を科すること、④決算を議会の認定に付する権限を有しない。

□長は、権限に属する事務の一部を、委員会・委員と協議し、①委任（委員会、委員長、委員、補助職員・管理機関の職員）し、②補助執行（補助職員・管理機関の職員）させられる。

□委員会・委員（公安委員会を除く。）は、権限に属する事務の一部を、長と協議し、①委任（補助職員、支庁・支所等、地域自治区事務所等の長）し、②補助執行（補助職員、管理機関の職員）させ、③専門委員に委託して調査させられる。

□長は、委員会・委員と協議して、長の補助職員を①（委員会・委員の補助職員・管理機関の職員と）兼職、②（これらの職員に）充て職、③（委員会・委員の事務に）事務従事させられる。

【問67】 行政委員会 （3）　　　　　重要度　★

■行政委員会に関して、正しいものはどれか。

1　市町村に置かなければならない委員会又は委員は、教育委員会、選挙管理委員会、人事委員会（人事委員会を置かない市町村は公平委員会）、監査委員及び農業委員会である。

2　教育委員会は、その普通地方公共団体の教育、学術及び文化の振興に関する総合的な施策の大綱を定め、その普通地方公共団体が処理する教育に関する事務を管理し及び執行する。

3　教育委員会は、常勤の教育長及び非常勤の委員をもって組織し、委員は、地方公共団体の長が議会の同意を得て任命し、教育長は、委員のうちから選挙する。

4　公安委員会は、都道府県に置かれ、警視庁及び道府県警察本部の事務を統括し、並びに都警察及び道府県警察の所属の警察職員を指揮監督する。

5　選挙管理委員会は、普通地方公共団体の議会において選挙する選挙管理委員をもって組織し、その普通地方公共団体が処理する選挙に関する事務及びこれに関係のある事務を管理する。

【問67】 行政委員会 （3）　　　　　　　　　　　　　　　　正解：5

1 ：✕　記述のほかに、固定資産評価審査委員会を置かなければならない（180条の5第3項）。

2 ：✕　大綱を定めるのは、普通地方公共団体の長である（地教行法1条の3第1項）。また、地方公共団体の教育に関する事務の一部は、長が処理する（地教行法22条）。

3 ：✕　教育長及び委員は、それぞれ地方公共団体の長が議会の同意を得て任命する（地教行法4条1・2項）。

4 ：✕　公安委員会は、都道府県警察を管理する（180条の9第1項）。記述は、警視総監及び道府県警察本部長の権限である（警察法48条2項）。

5 ：〇　記述のとおり（181条2項、182条1項、186条）。

Point Check!

□普通地方公共団体に、①教育委員会、②選挙管理委員会、③人事・公平委員会、④監査委員が、都道府県に、⑤公安委員会、⑥労働委員会、⑦収用委員会、⑧海区漁業調整委員会、⑨内水面漁場管理委員会が、市町村に、⑩農業委員会、⑪固定資産評価審査委員会が置かれる。

□教育委員会は、教育長（任期3年、常勤）と委員（任期4年、非常勤、原則4人）で組織。教育機関の設置・管理、教育財産の管理、教職員の任免、学校の組織編制等の事務を管理執行。長は、教育等に関する施策の大綱を定め、大学、私立学校等に関する事務を管理執行。

□選挙管理委員会は、議会で選挙する委員（任期4年、4人）で組織。国・地方公共団体の選挙に関する事務等を管理する。

□公安委員会は、5人（都道府及び指定市のある県）又は3人の委員（任期3年）で組織。都道府県警察を管理する。

【問68】 監査委員 （1）　　　　　　　　重要度 ★★

■監査委員に関して、正しいものはどれか。

1　監査委員は、都道府県及び人口25万以上の市にあっては4
　人、その他の市及び町村は2人を置くが、条例でその定数
　を増加し、又は減少することができる。

2　監査委員は、普通地方公共団体の長が、議会の同意を得て、
　人格が高潔で、普通地方公共団体の財務管理等に関し優れ
　た識見を有する者のうちから、これを選任する。

3　監査委員の任期は、4年で、監査委員が退職しようとする
　ときは、普通地方公共団体の議会の承認を得なければなら
　ない。

4　普通地方公共団体の長又は副知事若しくは副市町村長と親
　子、夫婦又は兄弟姉妹の関係にある者は、監査委員となる
　ことができず、その関係が生じたときは、失職する。

5　監査委員は、全て、地方公共団体の常勤の職員及び短時間
　勤務職員と兼ねることができず、かつ、これらの職員でな
　かった者でなければならない。

【問68】 監査委員 (1)　　　　　　　　　　　　　　　正解：4

1：✕　監査委員の定数を減少することはできない（195条2項）。

2：✕　監査委員には、記述の委員（識見委員）のほか、原則として、議員のうちから選任する監査委員（議選委員）がいる（196条1項）。

3：✕　監査委員の任期は、識見委員は4年、議選委員は議員の任期による（197条）。退職するときは、長の承認を得る（198条）。

4：〇　記述のとおり（198条の2）。

5：✕　識見委員が2人以上の場合に、1人を除き、その普通地方公共団体の職員（常勤の職員及び短時間勤務職員）でなかった者でなければならない（196条2・3項）。

Point Check!

□監査委員の定数は、①都道府県及び人口25万以上の市は4人、②その他の市及び町村は2人。ただし、条例で定数を増加できる。

□長が議会の同意を得て、財務管理等に関し優れた識見を有する者（識見委員）及び議員（議選委員、上記の①は1～2人、②は1人）から選任する。条例で議選委員を選任しないことができる。

□識見委員が2人以上の場合は、1人を除き、その普通地方公共団体の職員（常勤・短時間勤務）でなかった者である必要あり。

□地方公共団体の職員（常勤・短時間勤務）との兼職のほか、長と同様の兼業・兼職が禁止され、長又は副知事・副市町村長と親子、夫婦又は兄弟姉妹の関係にある者はなれない。

□任期は、識見委員は4年、議選委員は議員の任期による。非行等があるときは、議会の同意（公聴会が必要）を得て罷免できる。退職するときは、長の承認を得る。

□非常勤(識見委員は常勤とでき、上記の①は1人以上を常勤とする。)。

□監査委員に常設・臨時の監査専門委員（専門の学識経験者から代表監査委員が他の監査委員の意見を聴いて選任し、非常勤）を置ける。監査委員の委託を受け、権限に属する事務に関し調査する。

【問69】 監査委員 （2）　　　　　　　　　重要度　★★

■監査委員に関して、正しいものはどれか。

1　監査委員による監査は、その普通地方公共団体の財務に関する事務の執行等に関し、不正や非違を発見し、これを摘発することを目的として行う。

2　監査委員は、普通地方公共団体の事務の執行について、毎会計年度少なくとも1回期日を定めて監査をするほか、必要と認めるときは、いつでもこれをすることができる。

3　監査委員は、その対象とすることが適当でないとして政令で定めるものを除き、普通地方公共団体の財務に関する事務の執行及び普通地方公共団体の経営に係る事業の管理を監査する。

4　監査委員は、監査のため必要があると認めるときは、関係人の出頭を求め、又は関係人に対し帳簿、書類その他の記録の提出を求めることができる。

5　監査委員は、合議制の執行機関であり、その権限に属する事務を処理するときは、全て監査委員の合議により、その多数の監査委員の意思により決する。

【問69】 監査委員（2）　　　　　　　　　　　　　　　　正解：4

1：✕　監査は、行政の妥当性や適法性の保障のために行う。最少の経費で最大の効果を挙げる事務の処理の有無や、組織及び運営の合理化の有無等に特に留意する（199条3項）。

2：✕　普通地方公共団体の事務の執行についての監査（行政監査）は、必要と認めるときに行う（199条2項）。

3：✕　財務監査については、その対象外とする事務を政令で定めることとはされていない（199条1項）。

4：○　記述のとおり（199条8項）。ただし、これに応じない場合等に強制することはできない。

5：✕　監査委員は、独任制の執行機関であるが、監査結果に関する報告の決定等は、合議による（199条11項等）。合議は、協議により意見を一致させることである。

Point Check!

□一般監査は、①財務監査（普通地方公共団体の財務に関する事務の執行及び普通地方公共団体の経営に係る事業の管理の監査）と②行政監査（普通地方公共団体の事務の執行の監査）がある。

□財務監査は、定例監査（毎会計年度1回以上期日を定めて行う。）と随時監査（必要があると認めるときに行う。）がある。

□行政監査は、必要があると認めるときに行う。自治事務で労働委・収用委の権限に属する政令で指定する事務、法定受託事務で政令で指定する事務は、監査できない。

□関係人の出頭を求め、関係人につき調査し、関係人に記録の提出を求め、学識経験者等から意見を聴ける。

□監査の結果に関する報告を決定（合議による。）し、議会、長、関係委員会等に提出・公表する。普通地方公共団体の組織・運営の合理化に資するための意見（合議による。）を提出できる。

【問70】 監査委員 （3）

■監査委員に関して、正しいものはどれか。

1　監査委員は、必要があると認めるときは、その普通地方公
　共団体が補助金その他の財政的援助を与えているものの出
　納その他の事務の執行一般を監査することができる。

2　監査委員は、普通地方公共団体の議会の要求があるときは、
　公の施設の指定管理者のその管理に係る出納その他の事務
　の執行を監査することができる。

3　普通地方公共団体の長は、当該普通地方公共団体の事務の
　うち財務に関するものの執行については、監査委員に対し、
　監査を行うことを要求することができる。

4　監査委員は、監査の結果に基づいて必要があると認めると
　きは、当該普通地方公共団体の組織及び運営の合理化に資
　するため、監査の結果に関する報告に添えて意見を提出す
　ることができる。

5　監査委員から監査結果の報告に添えて意見の提出を受けた
　普通地方公共団体の機関は、その意見に基づき措置を講じ、
　その旨を監査委員に通知しなければならない。

【問70】 監査委員 （3）   正解： 4

1 ： ✕ 普通地方公共団体が財政的援助を与えているものの出納等の
事務の執行でその財政的援助に係るものに限られる （199条 7 項）。

2 ： ✕ 記述の監査は、必要があると認めるとき又は普通地方公共団
体の長の要求があるときに行う （199条 7 項）。

3 ： ✕ 当該普通地方公共団体の事務の執行について監査を行うこと
を要求することができる （199条 6 項）。

4 ： ○ 記述のとおり （199条10項）。

5 ： ✕ 監査結果に基づき、又はこれを参考として措置を講じたとき
は、その内容を監査委員に通知しなければならない （199条14項）。

Point Check!

□特別監査には、①事務監査請求による監査、②議会の要求による監
査、③長の要求による監査、④財政的援助者等の監査 （必要と認め
るとき又は長の要求を受け、その普通地方公共団体が、ⅰ補助金等
の財政的援助を与えているもの、ⅱ資本金等の 4 分の 1 以上を出資
するもの、ⅲ借入金の元金・利子の支払を保証するもの、ⅳ受益権
を有する不動産信託の受託者、ⅴ指定管理者、に対するその財政的
援助等に係る事務の執行の監査） がある。監査結果の報告の決定・
意見の提出については、一般監査と同じ。

□議会、長、関係委員会等が一般・特別監査の結果に基づき又は参考
に措置を講じたときは、監査委員に通知し、監査委員が公表する。

□監査委員は、一般・特別監査のほか、①決算に係る審査、②現金出
納の検査、③指定金融機関等における公金の出納等の監査、④住民
監査請求に係る監査、④職員の賠償責任の監査等を行う。

【問71】 監査委員 （4）

重要度　★

■監査委員に関して、正しいものはどれか。

1　監査委員は、その職務を遂行するに当たって、総務大臣が定める監査基準に従い、常に公正不偏の態度を保持して、監査等をしなければならない。

2　監査基準は、監査委員が行うこととされている監査、検査、審査等の適切かつ有効な実施を図るための基準であり、監査結果報告の構成やこれに記載する内容についての基準ではない。

3　監査委員は、議会の請求又は普通地方公共団体の長の要求に係る事項について監査を行ったときは、議会、長又は委員会若しくは委員において特に措置を講ずる必要があると認める事項について、必要な措置を講ずべきことを勧告することができる。

4　監査委員から監査結果に基づいて勧告を受けた普通地方公共団体の議会、長、関係ある委員会又は委員は、当該勧告を参考として措置を講じたときは、当該措置の内容を監査委員に通知しなければならない。

5　監査結果の報告の決定について、各監査委員の意見の不一致により決定することができない事項がある場合には、必要があると認める監査委員は、その事項についての意見を普通地方公共団体の議会及び長等に提出し、公表することができる。

【問71】 監査委員 （4）   正解：3

1：✕　監査基準は、監査委員が合議により定める（198条の4第
1・2項）。

2：✕　監査基準は、監査報告に関するものも含まれる（198条の3
第1項）。

3：○　記述のとおり（199条11項）。

4：✕　記述の場合には、勧告に基づき必要な措置を講じなければな
らない。なお、その措置の内容を監査委員に通知する（199条15項）。

5：✕　記述の場合には、当該決定できない事項についての各監査委
員の意見を提出し、公表しなければならない（199条13項）。

Point Check!

□監査委員は、合議により、監査基準（監査、検査、審査等の適切・
有効な実施のための基準）を定め、変更したときは、直ちに、議会、
長、委員会・委員に通知し、公表する。総務大臣は、監査基準の策
定・変更について、指針を示し、助言する。

□監査委員は、法令に特別の定めがある場合を除き、監査基準に従い、
常に公正不偏の態度を保持して、監査等をしなければならない。

□監査委員は、監査結果の報告のうち、議会、長又は関係ある委員
会・委員が特に措置を講ずる必要があると認める事項は、理由を付
して勧告（内容を公表）できる。勧告を受けた者は、必要な措置を
講じ、監査委員に通知し、監査委員は、措置の内容を公表する。

□監査委員は、監査結果の報告について各監査委員の意見が不一致で
合議により決定できない事項があるときは、その旨及び各監査委員
の意見を議会・長及び関係ある委員会・委員に提出し、公表する。

□識見監査委員の1人を代表監査委員とする。都道府県に監査委員事
務局を置く。市町村に監査委員事務局を置ける。

【問72】 外部監査契約に基づく監査　　　　重要度 ★

■**外部監査契約に基づく監査に関して、正しいものはどれか。**

1 都道府県並びに指定都市及び中核市のほか、包括外部監査契約に基づく監査を受けることを条例で定めた市町村の長は、毎会計年度、その会計年度に係る包括外部監査契約を締結しなければならない。

2 包括外部監査人は、包括外部監査対象団体の財務に関する事務の執行及び包括外部監査対象団体の経営に係る事業の管理のうち、特定の事件について監査する。

3 包括外部監査人は、必要があると認めるときは、包括外部監査対象団体が財政的援助を与えているものの事務の執行でその財政的援助に係るものを監査することができる。

4 選挙権を有する者が普通地方公共団体の事務の監査を請求するときは、監査委員の監査に併せて個別外部監査契約に基づく監査によることを求めることができる。

5 監査委員は、住民監査請求に係る監査を個別外部監査による旨の請求を受けた場合に、議会に付議してその議決を経たときは、個別外部監査契約を締結しなければならない。

【問72】 外部監査契約に基づく監査　　　　　　　　　正解：2

1：✕　包括外部監査契約に基づく監査を受けることを条例で定めた市町村の長は、条例で定める会計年度において、当該会計年度に係る包括外部監査契約を締結しなければならない（252条の36第2項）。

2：○　包括外部監査人が効率的・合理的な行政の確保に必要と認める特定の事件について監査する（252条の37第1項）。

3：✕　包括外部監査人が必要と認めるときに監査できる旨を条例により定めた場合に限られる（252条の37第4項）。

4：✕　条例でその旨を定める普通地方公共団体においては、監査委員の監査に代えて個別外部監査契約に基づく監査によることを求めることができる（252条の39第1項）。

5：✕　個別外部監査契約は、普通地方公共団体の長が締結する。また、議会の議決を経るのではなく、監査委員は、個別外部監査によることが相当と認めるときは、その旨を決定して、長に通知する（252条の43第1・2項）。

Point Check!

□包括外部監査契約は、都道府県、指定都市・中核市、条例で定めた市町村の長が、監査委員の意見を聴き、議会の議決を経て、毎会計年度（条例で定めた市町村は、条例で定める会計年度）、締結する（連続して4回、同一の者と契約できない。）。監査人は、必要と認める特定の事件について期間内に1回以上財務監査を行う。行政監査はできない。条例で定めた場合は、財政支援団体等の監査ができる。

□個別外部監査契約は、条例で定める地方公共団体で、①事務監査請求、②議会の監査請求、③長の監査要求、④長の財政支援団体等の監査要求、⑤住民監査請求において、監査委の監査に代えて監査する求めがあった場合（①は議会が議決したとき、⑤は監査委が相当と認めるとき）に、長が締結する。

【問73】 地域自治区　　　　　　　　　　重要度　　★

■地域自治区に関して、正しいものはどれか。

1　地域自治区は、市町村内の一定の区域を単位とする地域における住民による自治のための制度であり、地域自治区には、法人格が与えられる。

2　地域自治区は、条例で、市町村の区域を分けて定める区域ごとにこれを設けることができ、地域自治区には、事務所を置くほか、住民による地域協議会を置くことができる。

3　地域協議会の構成員は、地域自治区の区域内に住所を有する者から、自治会その他の地域を基盤とする団体の推薦に基づいて、市町村長が選任し、任期は4年である。

4　市町村長は、条例で定める市町村の施策に関する重要事項で地域自治区の区域に係るものを決定しようとする場合は、あらかじめ、地域協議会の意見を聴かなければならない。

5　市町村長その他の市町村の機関は、市町村が処理する地域自治区の区域に係る事務に関し地域協議会から意見の申出があったときは、これに基づき必要な措置を講じなければならない。

【問73】 地域自治区 　　　　　　　　　　　　　　　　　正解：4

1 ： ✕　地域自治区は、市町村長の権限に属する事務を分掌させ、及び地域の住民の意見を反映させつつこれを処理させるための制度であり（202条の4第1項）、法人格は有しない。

2 ： ✕　記述の前半は正しいが、地域自治区には、事務所及び地域協議会が必ず置かれる（202条の4、202条の5第1項）。

3 ： ✕　地域協議会の構成員の選任方法の制限はなく、その任期は、4年以内で条例で定める期間である（202条の5第2・4項）。

4 ： ◯　記述のとおり（202条の7第2項）。

5 ： ✕　措置を講じなければならないのは、地域協議会の意見を勘案し、必要があると認めるときである（202条の7第3項）。

Point Check!

☐条例で、市町村の区域を分けて定める区域（指定都市は、区の区域を分けて定める区域）ごとに地域自治区を設けられる。

☐地域自治区に、事務所を置き、その長は、長の補助職員を充てる。事務所の位置、名称及び所管区域は、条例で定める。

☐地域自治区に、地域協議会を置く（構成員は、区域内に住所を有する者から長が選任。任期は、4年以内で条例で定める期間）。

☐地域協議会は、①事務所の所掌事務、②市町村が処理する区域に係る事務、③区域内の住民との連携強化に関する事項で、長その他の機関の諮問に係るもの又は必要と認めるものについて審議し、市町村長その他の機関に意見を述べる。

☐長は、条例で定める市町村の施策に関する重要事項で地域自治区の区域に係るものを決定・変更する場合は、あらかじめ地域協議会の意見を聴かなければならない。

☐長その他の市町村の機関は、地域協議会の意見を勘案し、必要があると認めるときは、適切な措置を講じる。

【問74】 給与その他の給付　　　　　　　　　重要度　★★

■給与その他の給付に関して、正しいものはどれか。

1　普通地方公共団体は、短時間勤務職員及び会計年度任用職員を除く非常勤の職員に対し、その勤務日数に応じて報酬を支給するが、条例で定めた場合には、月額の給料を支給することができる。

2　普通地方公共団体は、普通地方公共団体の議会の議員に対し、議員報酬を支給するほか、条例で定めた場合には、期末手当又は退職手当を支給することができる。

3　普通地方公共団体は、常勤の職員に対しては、給料を支給するほか、諸手当を支給することができるから、条例に独自の手当を定め、これに基づいて支給することができる。

4　普通地方公共団体の長がした給与その他の給付に関する処分に不服がある者は、長に対して異議申立てをすることができず、人事委員会又は公平委員会に対して審査請求をする。

5　普通地方公共団体は、議会が出頭を求めた関係人、議会の常任委員会等が出頭を求めた参考人又は常任委員会等が開く公聴会に参加した者に、鉄道賃、日当、宿泊料等の実費を弁償しなければならない。

【問74】 給与その他の給付　　　　　　　　　　　　　　正解：5

1：✗　報酬は、勤務日数に応じてこれを支給するが、条例で特別の定めをした場合は、月額での支給が可能（203条の2第2項）。しかし、あくまで報酬であって、給料ではない。

2：✗　条例で定めれば、期末手当を支給することができるが（203条3項）、退職手当は支給することができない。

3：✗　常勤の職員に対する手当は地方自治法に列挙されており（204条2項）、いかなる給与その他の給付も法律又はこれに基づく条例に基づかずに支給できないから（204条の2）、法律に基づかずに条例で独自の手当を設けることはできない。

4：✗　地方公務員法の適用を受ける職員が不利益処分を受けた場合は、人事委員会又は公平委員会に審査請求をすることができる。その他の場合は、処分庁のいかんを問わず、長に審査請求を行う（206条）。

5：○　記述のとおり（207条）。

Point Check!

□非常勤の職員（短時間勤務職員及び会計年度任用職員（フルタイム）を除く。）には、報酬を支給する。報酬は、条例で特別の定めをした場合を除き、勤務日数に応じて支給する。なお、職務を行うため要する費用の弁償も受けられる。また、会計年度任用職員（パートタイム）には、期末手当を支給できる。

□常勤の職員並びに短時間勤務職員及び会計年度任用職員（フルタイム）には、給料及び旅費を支給するほか、地方自治法に列挙された手当を支給できる。

【問75】　会計年度と会計区分　　　　　　重要度　★★

■会計年度と会計区分に関して、正しいものはどれか。

1　会計年度は、毎年4月1日に始まり、翌年3月31日に終わるが、地方公営企業については1年間を分けて事業年度を設けることができる。

2　歳入とは、1会計年度における一切の収入をいい、現金及び現金に代えて納付される証券のほか、普通地方公共団体が取得した物件が含まれる。

3　歳入は、普通地方公共団体に納付された一切の収入であるから、競争入札に係る入札保証金、契約に係る契約保証金等の保証金も歳入に含まれる。

4　各会計年度における歳出は、その年度の歳入をもって充てなければならないが、継続費、繰越明許費及び債務負担行為に限り、その例外とされている。

5　特別会計は、特定の事業を行う場合その他特定の歳入をもって特定の歳出に充て一般の歳入歳出と区分して経理する必要がある場合に、条例で設置することができる。

【問75】 会計年度と会計区分　　　　　　　　　　　　　正解：5

1：✗　地方公営企業の事業年度も、会計年度と同じで、毎年4月1日に始まり、翌年3月31日に終わる（地公企法19条）。

2：✗　歳入は、歳出の財源となるべき収入であるから、現金及び現金に代えて納付される証券に限られる。

3：✗　保証金等の歳入歳出外現金（235条の4第2項）は、歳入に含まれない。

4：✗　会計年度独立の原則（208条）の例外には、継続費の繰越し、繰越明許費のほか、事故繰越し、過年度収入及び過年度支出、歳計剰余金の繰越し等がある。

5：○　記述のとおり（209条2項）。

 *Point Check!*

□会計＝地方公共団体の収入と支出を区分整理して、その関係を明らかにするもの。

□普通地方公共団体の会計年度は、毎年4月1日に始まり、翌年3月31日に終わる。

□各会計年度における歳出は、その年度の歳入をもって充てなければならない（会計年度独立の原則）。これに対する例外として、①継続費の繰越し、②繰越明許費、③事故繰越し、④過年度収入・過年度支出、⑤歳計剰余金の繰越し、⑥翌年度収入の繰上充用がある。

□会計は、原則として1つの会計によって経理するが（会計統一の原則）、①地方公共団体が特定の事業を行う場合、②その他特定の歳入をもって特定の歳出に充て一般の歳入歳出と区分して経理する必要がある場合は、条例で、一般会計とは別に特別会計を設置できる。

【問76】 予算の制定手続　　　　　　　　　重要度 ★★

■予算の制定手続に関して、正しいものはどれか。

1　予算とは、1会計年度における普通地方公共団体の歳入と歳出の予定的な計算であるが、執行機関を拘束するのは歳出予算だけである。

2　普通地方公共団体の長は、毎会計年度予算を調製し、年度開始前に開かれる議会の常会の冒頭に提出するようにしなければならない。

3　普通地方公共団体の長は、毎会計年度予算を調製するが、地方公営企業の予算については、地方公営企業の管理者が調製する。

4　普通地方公共団体の議会は、普通地方公共団体の長の予算の提出の権限を侵すことはできないから、予算を増額して議決することはできない。

5　普通地方公共団体の長は、予算を議会に提出した場合において、議会の要求があったときは、予算に関する説明書を提出しなければならない。

【問76】 予算の制定手続   正解：1

1：○　予算のうち、歳出予算は、これにより執行機関の経費の支出
　が可能になるから、執行機関を拘束するが、歳入予算は、収入の見
　積りであるから、執行機関を拘束しない。
2：✕　普通地方公共団体の長は、遅くとも年度開始前、都道府県及
　び指定都市にあっては30日、その他の市及び町村にあっては20日ま
　でに当該予算を議会に提出するようにしなければならない（211条
　1項後段）。
3：✕　地方公営企業の予算は、その地方公営企業の管理者が作成し
　た予算の原案に基づいて普通地方公共団体の長が調製する（地公企
　法24条2項）。
4：✕　議会は、普通地方公共団体の長の予算の提出の権限を侵すこ
　とのない範囲で、予算を増額して議決することを妨げない（97条2
　項）。
5：✕　政令で定める予算に関する説明書は、予算とあわせて議会に
　提出しなければならない（211条2項）。

 *Point Check!*

□予算＝一定期間における収入支出の見積りのこと。
□1会計年度における一切の収入及び支出は、全て歳入歳出予算に編
　入しなければならない（総計予算主義）。
□長は、予算を調製し、年度開始前に、議会に提出し、議会の議決を
　経なければならない。
□議会の議長は、予算を定める議決があったときは、その日から3日
　以内に地方公共団体の長に送付しなければならない。長は、予算の
　送付を受けた場合に、再議その他の措置の必要がないと認めるとき
　は、直ちに、その要領を住民に公表しなければならない。

【問77】 予算の内容（1）　　　　　　　　重要度　★★

■予算の内容に関して、正しいものはどれか。

1　歳入歳出予算は、その歳入については、その性質に従って
　　部に大別し、かつ、各部中においてはこれを款、項の2つ
　　に区分しなければならない。

2　歳入歳出予算は、その歳出については、その目的に従って
　　これを款、項、目の3つに区分しなければならない。

3　普通地方公共団体の長は、予見し難い予算の不足に充てる
　　ため、予備費として相当と認める金額を、歳入歳出予算に
　　計上することができる。

4　予算に定める繰越明許費とは、年度内に支出負担行為をし、
　　避けがたい事故のため年度内に支出を終わらないものを翌
　　年度に繰り越して使用することができる経費である。

5　普通地方公共団体が地方債を起こす場合には、予算で、地
　　方債の起債の目的、限度額、起債の方法、利率及び償還の
　　方法を定めなければならない。

【問77】 予算の内容 （1）   正解：5

1 ：✕　歳入は、その性質に従って款に大別し、かつ、各款中におい
てはこれを項に区分する（216条）。

2 ：✕　歳出は、その目的に従ってこれを款、項に区分しなければな
らない（216条）。なお、歳入歳出予算は、予算成立後、予算の執行
に関する手続として、その各項を目と節に区分する（施行令150条
1 項 3 号）。

3 ：✕　予備費の計上は、特別会計を除き、義務付けられている（217
条 1 項）。

4 ：✕　記述は、繰越明許費ではなく、事故繰越しである（220条 3
項）。

5 ：〇　記述のとおり（230条 2 項）。

 *Point Check!*

□予算は、①歳入歳出予算、②継続費、③繰越明許費、④債務負担行
為、⑤地方債、⑥一時借入金、⑦歳出予算の各項の経費の金額の流
用、の 7 つの事項に関する定めを内容とする。

□①の歳入は、その性質に従って区分し、歳出はその目的に従って区
分し、それぞれ区分項目は、款・項の順に細分化する。

□予算外の支出又は予算超過の支出に充てるため、予備費を計上しな
ければならない（特別会計には計上しないことができる。）。予備費
は、議会の否決した費途に充てることはできない。

【問78】 予算の内容 （2）

重要度　★★

■予算の内容に関して、正しいものはどれか。

1　履行が2会計年度以上にまたがる事件は、継続費として、予算にその経費の総額だけを定めて、これを数年度にわたって支出することができる。

2　その性質上年度内に支出が終わらない見込みのある経費を繰越明許費として予算に定めたときは、その経費に係る歳出に充てるために必要な金額は翌年度に繰り越す必要はない。

3　普通地方公共団体が将来にわたる債務を負担する行為をするには、その全てについて、予算で債務負担行為として定めておかなければならない。

4　債務負担行為は、予算で定められるものであるから、債務負担行為に係る案件について経費の支出を行うために、重ねて歳出予算に計上する必要がない。

5　普通地方公共団体は、債務負担行為を行わずに、翌年度以降にわたり、電気、ガス、水の供給若しくは電気通信役務の提供を受ける契約又は不動産を借りる契約その他政令で定める契約を締結することができる。

【問78】 予算の内容（２）　　　　　　　　　　　　　　正解：5

1：✗　継続費は、その経費の総額とともに、その各年度の年割額を定めなければならない（212条）。

2：✗　財源が用意されている事業についてその経費を翌年度に繰り越すのであるから、当然にその執行に必要な金額を付けて繰り越す必要がある（施行令146条１項）。

3：✗　歳出予算の金額、継続費の総額又は繰越明許費の金額の範囲内におけるものは、債務負担行為として予算で定める必要はない（214条）。

4：✗　債務負担行為の案件についても、経費の支出を行うためには、歳出予算に計上することが必要である。

5：○　記述のとおり。長期継続契約は、債務負担行為として議会の議決を要しない（234条の３。通知昭和38・12・19自治丁行発93号）。

Point Check!

□継続費の繰越し＝履行に数年度を要するものは、その経費の総額及び年割額を定め、数年度にわたって支出することができ（継続費）、ある年度に支出が終わらなかったものは、最終年度まで順次繰り越せる。

□繰越明許費＝性質上又は予算成立後の事由に基づいて年度内に支出を終わらない見込みの経費は、予算の定めるところにより、翌年度に繰り越して使用できる。

□債務負担行為＝将来にわたる債務を負担する行為（歳出予算の金額、継続費の総額又は繰越明許費の金額の範囲内のものを除く。）をするには、予算で債務負担行為として定めておく。

□事故繰越し＝年度内に支出負担行為をし、避けがたい事故のため年度内に支出を終わらなかったものは、翌年度に繰り越して使用できる。

【問79】 予算の種類　　　　　　　　　重要度　★★

■予算の種類に関して、正しいものはどれか。

1　補正予算を調製するのは、予算が成立した後生じた事由に基づいて既定の予算に追加を行う必要が生じた場合であり、予算の科目又は金額の追加を行う。

2　補正予算が成立した場合であっても既定の予算の効力は失われず、既定予算の残額から支出することも、補正予算から支出することもできる。

3　暫定予算を調製するのは、本予算が年度開始までに成立する見込みがない場合などであるから、その性質上、更に暫定予算を調製することはできない。

4　本予算が成立したときは、暫定予算は効力を失い、その暫定予算に基づく債務の負担があるときは、その債務の負担は、本予算に基づく債務の負担とみなされる。

5　普通地方公共団体の長は、一般会計において、事務量の増加により事務のため直接必要な経費に不足を生じたときは、これにより増加する収入に相当する金額を当該経費に使用することができる。

【問79】 予算の種類　　　　　　　　　　　　　　　　正解： 4

1 ： ✕　補正予算を調製するのは、既定の予算に追加その他の変更を加える必要が生じたときであり（218条1項）、追加のほかに、予算の科目若しくは金額の更正又は事項に変更を加える場合もある。

2 ： ✕　補正予算は、成立すると既定予算と一体となってこれを補正するから、既定予算の残額からの支出と補正予算からの支出という区別は観念できない。

3 ： ✕　暫定予算の後に更に暫定予算を調製する必要が生じた場合には、既定の暫定予算を補正する方法と更に別個の暫定予算を調製する方法がある。

4 ： ○　記述のとおり（218条3項）。

5 ： ✕　いわゆる弾力条項（218条4項）は、特別会計に関する規定であり、一般会計には適用はない。

Point Check!

□予算には、①（当初）予算、②補正予算、③暫定予算がある。②は、予算の調製後に生じた事由に基づいて既定の予算に追加その他の変更を加える必要が生じたときに調製する予算。③は、1会計年度の一定期間について必要に応じ調製する予算。

□長は、特別会計のうち、その事業の経費を主としてその事業の経営に伴う収入を充てるもの（条例で定める。）について、業務量の増加により業務のため直接必要な経費に不足を生じたときは、その業務量の増加により増加する収入に相当する金額を経費（職員の給料を除く。）に使用できる（弾力条項）。この場合は、長は、議会の次の会議に報告しなければならない。

【問80】 予算の執行　　　　　　　　　重要度 ★★

■予算の執行に関して、正しいものはどれか。

1　普通地方公共団体の長は、普通地方公共団体の議会の議長
　から議決した予算の送付を受けたときは、予算の執行に関
　する手続を定め、これに従って各執行機関が予算を執行す
　る。

2　歳出予算の経費の金額は、各款又は各項の間において流用
　することができないが、歳出予算の各項の経費の金額は、
　予算の執行上必要がある場合に限り、普通地方公共団体の
　長の裁量で流用することができる。

3　歳出予算の経費の金額は、原則として、翌年度に繰り越す
　ことができないが、年度内に支出負担行為をし、避けがた
　い事故のため年度内に支出を終わらなかったものは、翌年
　度に繰り越すことができる。

4　普通地方公共団体の長は、予算の執行の適正を期するため、
　工事の請負契約者、物品の納入者、補助金等の交付や貸付
　けを受けた者に対して、これらの者の同意を得て、その状
　況を調査することができる。

5　普通地方公共団体の長は、毎年1回歳入歳出予算の執行状
　況並びに財産、地方債及び一時借入金の現在高その他財政
　に関する事項を住民に公表しなければならない。

【問80】 予算の執行   正解： 3

1 ：✕ 予算の執行権は、普通地方公共団体の長にある（149条2号）。
なお、普通地方公共団体の長は、その権限の一部を委員会、委員等
に委任すること又はこれらの執行機関の職員に補助執行させること
ができるから（180条の2）、予算の執行権もこのような扱いが可能
である。

2 ：✕ 歳出予算は、①予算の執行上必要がある場合で、②予算に各
項の経費の金額の流用の定めをしているときに限り、各項の経費の
金額を流用することができる（220条2項、215条7号）。

3 ：〇 記述のとおり（220条3項）。

4 ：✕ 予算の執行に関する長の調査権（221条2項）は、予算の執
行の適正を期するために長に与えられた権限であるから、相手方は
調査や報告を拒否することはできない。

5 ：✕ 普通地方公共団体の長の財政状況の公表は、条例の定めると
ころにより、毎年2回以上行わなければならない（243条の3第1
項）。

Point Check!

□予算が成立すると、長は、政令で定める基準に従って予算の執行に
関する手続を定め、これに従って予算を執行する。

□長は、予算の執行の適正を期するため、①委員会・委員又はその管
理する機関に対し、収入・支出の実績や見込みについての報告の徴
収、予算の執行状況の実地調査、調査の結果に基づく必要な措置の
要求ができ、②工事の請負契約者、補助金等の交付・貸付けを受け
た者等に対し、その状況の調査又は報告の徴収ができ、③地方公共
団体が2分の1以上を出資する法人等に対し、①・②の措置ができ
る。

【問81】 予備費　　　　　　　　　　　　　　　　重要度　★★

■予備費に関して、正しいものはどれか。

1　全ての歳入歳出予算には、予算外の支出又は予算超過の支
　　出に充てるため、予備費を計上しなければならない。

2　普通地方公共団体の長は、補正予算を新たに調製して議会
　　に提出するいとまのないときに限り、予備費の使用をする
　　ことができる。

3　普通地方公共団体の長は、予備費について、予算外の支出
　　又は予算超過の支出に充てるためであっても、議会の否決
　　した費途には充てることができない。

4　普通地方公共団体の長は、予備費を使用する場合には、事
　　前に、又は時宜によっては事後に、議会の承認を得なけれ
　　ばならない。

5　予備費は、予算外の支出又は予算超過の支出に充てるため
　　に使用されるから、当該支出に関し、住民監査請求又は住
　　民訴訟において、法的な責任を問われることはない。

【問81】 予備費   正解：3

1 ： ✕　特別会計には、予備費を計上しないことができる（217条1項）。

2 ： ✕　予備費の使用は、補正予算の提出が可能かどうかに関係はなく、執行機関に委ねられる。

3 ： ○　記述のとおり（217条2項）。

4 ： ✕　予備費の使用は、議会の承認を必要としない。

5 ： ✕　予備費に係る支出も、他の支出と同様に、住民監査請求又は住民訴訟において、法的な責任を問われ得る。

 Point Check!

□予備費は、一般会計には必ず設けなければならないが、特別会計では任意とされている。

□予備費の使用については、議会の議決を必要とせず、普通地方公共団体の長の権限で行うことができる。

□予備費は、議会の否決した費途には充てることができない。

【問82】 収入 （1）　　　　　　　　　　重要度　★★

■普通地方公共団体の収入に関して、正しいものはどれか。

1　普通地方公共団体は、法律の定めるところにより、地方税を賦課徴収することができるが、法定外の普通税や目的税を条例に定めてこれを賦課徴収することはできない。

2　普通地方公共団体は、数人又はその普通地方公共団体の一部に対し利益のある事件に関し、その事件により特に利益を受ける者から分担金を徴収することができるが、その額及び使途には制限はない。

3　普通地方公共団体は、行政財産の目的外使用又は公の施設の利用につき使用料を徴収することができるが、地方公営企業法の適用を受ける水道事業、鉄道事業等の公営企業の料金もこれに含まれる。

4　旧来の慣行により市町村の住民で特に公有財産を使用する権利を有する者があるときは、その者から使用料を徴収することはできないが、その公有財産を新たに使用する者からは使用料を徴収することができる。

5　普通地方公共団体の自治事務の手数料に関する事項は条例で定めるが、法定受託事務の手数料に関する事項は、法律又は政令に定めるものを除き、普通地方公共団体の規則で定めなければならない。

【問82】収入（1）　　　　　　　　　　　　　　　　　正解：3

1：✕　地方税法では、法定税と、法定税のほか別に税目を起こして課税する法定外の普通税や目的税が認められている（地方税法4条3・6項、5条3・7項）。

2：✕　分担金の額は、その事件により特に利益を受ける者の受益の限度とされる（224条）。

3：〇　地方公営企業法の適用を受ける公営企業は、公の施設に該当するから、その料金も使用料である。また、地方公営企業の料金その他の使用料は、その管理者が徴収する（地公企法9条9号）。

4：✕　旧慣使用の公有財産の使用についても使用料を徴収することができる。また、その公有財産を新たに使用する者からは、加入金を徴収することができる（226条）。

5：✕　手数料に関する事項については、自治事務か法定受託事務かを問わず、条例で定めなければならない（228条1項）。

Point Check!

□収入＝普通地方公共団体の需要を満たすための支払の財源となるべき現金の収納。

□普通地方公共団体の収入には、①地方税、②分担金、③使用料、④手数料、⑤加入金、⑥過料、⑦地方債があるほか、⑧国等から交付される地方交付税、地方譲与税、補助金、助成金、交付金等がある。

□地方税＝普通地方公共団体が、その財政上の必要から住民から強制的に徴収する金銭をいい、普通地方公共団体の収入の中心的なもの。普通地方公共団体は、法律の定めるところにより、地方税を賦課徴収することができる（租税法律主義）。

【問83】 収入（2）　　　　　　　　　　重要度　★★

■普通地方公共団体の収入に関して、正しいものはどれか。

1　普通地方公共団体の長の事務に係る手数料は長が、委員会
　又は委員の事務に係る手数料はその委員会又は委員が、そ
　れぞれ徴収する。

2　全国的に統一して定めることが特に必要と認められるもの
　として政令で定める事務の手数料は、政令で定める金額で
　なければならない。

3　普通地方公共団体は、その行政財産について、目的外使用
　を許可した場合のほか、貸付けを行った場合についても、
　使用料を徴収することができる。

4　手数料、使用料等の徴収を免れた者については、その免れ
　た金額の5倍相当額以下の過料を科する規定を設けること
　ができる。

5　手数料等の徴収に関する処分についての審査請求があった
　ときは、普通地方公共団体の長は、不適法却下の場合を除
　き、議会に諮問して裁決をしなければならない。

【問83】 収入（2）   正解：5

1：✕　手数料の徴収は、普通地方公共団体の長の権限である（149
　条3号）。ただし、地方公営企業に係る手数料の徴収は、その管理
　者の権限である（地公企法9条9号）。

2：✕　全国的に統一して定めることが特に必要と認められるものと
　して政令で定める事務（標準事務）のうち政令で定めるものについ
　ては、政令で定める金額の手数料を徴収することを標準として条例
　を定めなければならない（228条1項）。

3：✕　行政財産の使用許可の場合に使用料が徴収され（225条）、そ
　の貸付けの場合の対価は、使用料ではない。

4：✕　5倍相当額以下の過料を科する規定を設けることができるの
　は、詐欺その他不正の行為により手数料等の徴収を免れた者に限ら
　れる（228条3項）。

5：◯　記述のとおり（229条2項）。なお、議会に諮問をしないで審
　査請求を却下したときは、その旨を議会に報告する義務がある（229
　条4項）。

Point Check!

□手数料は、普通地方公共団体の事務で特定の者のためにするものに
　ついて、普通地方公共団体が徴収できる。

□使用料は、①行政財産の目的外の使用、②公の施設の利用、③旧来
　の慣行による市町村の公有財産の使用について、その対価として普
　通地方公共団体が徴収できる。

□加入金は、旧来の慣行により使用を認められた市町村の公有財産に
　つき新たにその使用を許可された者から、その対価として市町村が
　徴収できる。

【問84】 収入 (3)

■**普通地方公共団体の収入に関して、正しいものはどれか。**

1　分担金は、特定の事件に関し、当該事件により特別又は通常の利益を受ける者から、その受益の限度において、徴収することができる。

2　分担金は、特定の事件の受益者に対して課されるものであってその受益者の範囲が限定されることから、分担金に関する事項は、条例ではなく、規則で定める。

3　地方公営企業法に基づき運営されている水道、ガス、鉄道等の公営企業の利用者から徴収される料金も、分担金の1つである。

4　分担金の徴収額についての受益の限度を定めるに当たっては、特定の事業に要した費用の総額を、そのまま受益の限度として計算することができる。

5　地方税法により不均一の課税をし、又は普通地方公共団体の一部に課税をするときは、同一の事件に関し分担金を徴収することができない。

【問84】 収入（3）   正解：5

1：✕　分担金は、当該事件により「特に」利益を受ける者から徴収
される（224条1項）。

2：✕　分担金に関する事項は、条例で定めなければならない（228
条1項）。

3：✕　これらの料金は、公の施設の利用についての使用料の一種で
ある。

4：✕　事業に要した費用の総額がそのまま「受益の限度」と解する
ことは一般的にはできず、あくまでも具体的に個々の「受益の限
度」を定めるべきであるとされる（行実昭27・12・26）。

5：○　記述のとおり（施行令153条）。水利地益税を課し、又は共同
施設税を課すときも、分担金を徴収することができない。

 Point Check!

□分担金は、政令で定める場合を除き、住民の数人又は普通地方公共
団体の一部の地域に利益のある事件に必要な費用に充てるために、
その事件により特に利益を受ける者から、その受益の限度において、
普通地方公共団体が徴収できる。

【問85】 収入 （4）

■**普通地方公共団体の収入に関して、正しいものはどれか。**

1　歳入を収入するときは、まずこれを調定した上で、必ず納入義務者に対して納入通知書で納入の通知をしなければならない。

2　収入を納入する方法は、原則として現金によるが、分担金、使用料又は手数料の徴収は、証紙による収入の方法によることができる。

3　普通地方公共団体の歳入等の納付に関する事務を適切かつ確実に遂行できる者として総務大臣が指定したものは、歳入等を納付する者の委託を受けて、納付事務を行うことができる。

4　歳入は、指定金融機関が指定されている場合には、口座振替の方法により、又は証券をもって納付することができる。

5　普通地方公共団体の歳入を納期限までに納付しない者に対しては、条例で定めて、手数料及び延滞金を徴収することができる。

【問85】 収入 (4) 正解：4

1 ：✕ 納入の通知の義務の対象から、地方交付税、地方譲与税、補助金、地方債、滞納処分費その他その性質上納入の通知を必要としない歳入は除かれている。また、納入の通知は、性質上納入通知書によりがたい歳入については、口頭、掲示その他の方法によってすることができる（施行令154条2・3項）。

2 ：✕ 証紙による収入の方法によることができるのは、使用料と手数料に限られる（231条の2第1項）。

3 ：✕ 指定納付受託者は、納付事務を適切かつ確実に遂行することができる者として政令で定める者のうちから、普通地方公共団体の長が総務省令で定めるところにより指定する（231条の2の3第1項）。

4 ：〇 記述のとおり（231条の2第3項）。

5 ：✕ 手数料及び延滞金を徴収することができるのは、納期限までに納付しない者に対して期限を指定して督促した場合である（231条の3第2項）。なお、指定期限内に納付がないときは、地方税の滞納処分の例により処分することができる（同条3項）。

Point Check!

□収入の方法は、現金によるのが原則であるが、①使用料又は手数料は、条例の定めるところにより、証紙によること、②指定金融機関を指定しているときは口座振替又は証券（当該証券が現金化されなかったときは、初めから納付がなかったものとして取り扱われる。）によることができる。

□地方公共団体に対し歳入等（歳入歳出外現金を含む。）を納付しようとする者は、指定納付受託者（納付事務を適切かつ確実に遂行できる者から長が指定）に当該歳入等の納付を委託することができる。

【問86】 支出 （1）

重要度 ★★

■普通地方公共団体の支出に関して、正しいものはどれか。

1 普通地方公共団体は、その普通地方公共団体の事務を処理するために必要な経費を支弁するから、この経費はその普通地方公共団体が負担する。

2 国は、普通地方公共団体に対し事務の処理を義務付ける場合でその事務の性質上必要があるときは、事務に要する経費の財源につき措置を講じる。

3 普通地方公共団体は、公益上必要がある場合には、会社その他の法人に寄附又は補助をすることができるほか、債務保証をすることもできる。

4 憲法の規定により、普通地方公共団体は、慈善、教育又は博愛の事業に対しては、公益上必要があっても寄附又は補助をすることができない。

5 支出負担行為とは、普通地方公共団体の支出の原因となるべき契約その他の行為をいうが、保証契約は、これには含まれない。

【問86】 支出（1）　　　　　　　　　　　　　　　　　正解：5

1：✕　経費を支弁することは、必ずしもその経費を負担することではない。地方財政法10条〜10条の4は、普通地方公共団体がその全部又は一部を負担しない経費について規定している。

2：✕　国は、法律又はこれに基づく政令により普通地方公共団体に対し事務の処理を義務付ける場合においては、その事務の性質にかかわらず、事務に要する経費の財源につき必要な措置を講じなければならない（232条2項）。

3：✕　会社その他の法人の債務保証については、「法人に対する政府の財政援助の制限に関する法律」3条において、総務大臣の指定する会社その他の法人に対するものを除き、禁止されている。

4：✕　憲法89条は、公の支配に属しない慈善、教育又は博愛の事業に対する公金その他の公の財産の支出を禁止しており、公の支配に属するものであれば、支出することができる。

5：〇　保証契約は債務を負担する行為ではあるが、予算に基づいて行われるものではないから、支出負担行為ではない。

Point Check!

□支出＝普通地方公共団体が行う現金の支払い。支出とその経費の負担とは異なる。

□普通地方公共団体は、①その普通地方公共団体の事務を処理するために必要な経費、②法律又はこれに基づく政令によりその普通地方公共団体の負担に属する経費を支弁する。

□普通地方公共団体は、公益上必要がある場合は、寄附又は補助ができる。

【問87】 支出 （2）

■**普通地方公共団体の支出に関して、正しいものはどれか。**

1　支出負担行為は、支出の原因となる行為をいい、請負、売買等の契約には必要であるが、職員給与のように法令により当然に支出されるものには要しない。

2　会計管理者は、普通地方公共団体の長による支出命令がある場合であっても、支出負担行為が法令又は予算に違反していないこと等を確認し、確認ができないときは支出を拒否しなければならない。

3　会計管理者は、電気、ガス、水道の供給契約の公共料金等の経常的な経費については、支出負担行為があれば、長の支出命令がなくても支出することができる。

4　普通地方公共団体の支出は、資金前渡、概算払、前金払等の法律に基づく政令で定められた場合を除き、債権者に対してでなければすることができない。

5　公金取扱金融機関を指定している普通地方公共団体は、現金に代え、その金融機関を支払人とする小切手を振り出すことができるから、職員の給与も小切手の振出しによって行うことができる。

【問87】 支出 (2)   正解：2

1：✗　支出負担行為は、予算執行の第１段階として行われる行為であり、職員給与のような定型的支出でも、支出負担行為が必要である。

2：○　記述のとおり。支出の命令機関と出納機関を区別し、会計管理者は、長から独立して出納に関する権限を行使する仕組みとなっている（232条の４第２項）。

3：✗　これらの経費については、長の支出命令を要しないのではなく、長が契約に基づいて、債務が確定する前に一括して支出命令を行うことができる（施行令160条の２）。

4：✗　支出は、債権者のためにすることができ（232条の５第１項）、債権者以外に、債権者の委任を受けた者や債権を差し押さえて転付命令を受けた者等に支出することができる。

5：✗　職員の給与は、法律又は条例により特に認められた場合を除き、通貨で支払わなければならない（地公法25条２項）。

Point Check!

□支出負担行為（支出の原因となる契約その他の行為）は、①内容及び手続が法令に従い、②予算の範囲内でしなければならない。

□会計管理者は、長の支出命令がなければ支出ができず、これを受けても、支出負担行為につき①法令・予算に違反していないこと、②債務が確定していることを確認した上で支出する。

□支払は、公金取扱金融機関を指定している普通地方公共団体では、現金の交付に代え、①指定金融機関を支払人とする小切手を振り出すか、②公金内の移管のための公金振替書を指定金融機関に交付してする。ただし、①の場合で、債権者から申出があるときは、会計管理者は、自ら現金で小口の支払をし、又は指定金融機関に現金で支払をさせることができる。

【問88】 支出 （3）　　　　　　　　　重要度　★★

■普通地方公共団体の支出に関して、正しいものはどれか。

1　資金前渡とは、特定の経費について普通地方公共団体の職員に概括的に経費の金額を交付して、その職員に現金払をさせることをいう。

2　資金前渡は、特に必要があるときは、他の普通地方公共団体の職員又は普通地方公共団体の職員以外の私人に対してもこれをすることができる。

3　概算払とは、普通地方公共団体が支払うべき債務金額及びその債権者が確定する前に、概算をもって支出をすることをいう。

4　前金払とは、普通地方公共団体が締結した双務契約について、相手方がその債務を完全に履行をする前に、その履行した割合に応じて代金の一部を支払うことをいう。

5　繰替払とは、債権者に通知をした上で、支払場所を指定し、指定金融機関等に必要な資金を交付して送金の手続をさせることをいう。

【問88】 支出 （3）   正解： 1

1 ： ○　記述のとおり（施行令161条）。
2 ： ✕　他の普通地方公共団体の職員については認められているが
（施行令161条3項）、私人に対しては認められていない。なお、私
人には支出事務の委託が可能（施行令165条の3）。
3 ： ✕　債権者は確定していなければならない。
4 ： ✕　記述は、いわゆる部分払の説明である。前金払とは、金額の
確定した債務につき、その履行期前にその履行をすることをいう。
5 ： ✕　記述は、隔地払の説明である（施行令165条）。繰替払とは、
特定の経費について、地方公共団体の歳入金から一時繰り替えて使
用することをいう。

Point Check!

□資金前渡＝職員に現金払をさせるため、その資金を前渡する方法。
□概算払＝債務金額の確定前に概算をもって支払をする方法。
□前金払＝金額の確定した債務について、その履行期前に支払をする
　方法。
□繰替払＝地方公共団体の歳入金を経費の支払に一時繰り替えて支払
　をする方法。
□隔地払＝隔地の債権者に対して指定金融機関等に資金を交付して送
　金の手続をさせる方法。
□口座振替＝債権者からの申出があるものについて、指定金融機関等
　に通知して地方公共団体の口座から債権者の口座に振り替えて支払
　をする方法。

【問89】 決算

重要度　★★

■普通地方公共団体の決算に関して、正しいものはどれか。

1　会計管理者は、毎会計年度の終了後3月以内に、決算を調製し、証書類その他政令で定める書類と併せて、監査委員に提出しなければならない。

2　普通地方公共団体の長が決算を監査委員の意見を付けてその普通地方公共団体の議会の認定に付した場合において、議会がこれを認定しなかったときは、その決算は無効となる。

3　会計年度において決算上剰余金を生じたときは、翌年度の歳入に編入するか、剰余金の全部又は一部を翌年度に繰り越さないで基金に編入することができる。

4　会計年度において決算上剰余金を生じた場合は、その2分の1を下らない金額は、剰余金を生じた翌翌年度までに、積み立て、又は償還期限を繰り上げてする地方債の償還の財源に充てなければならない。

5　各会計年度において歳入が歳出に不足するときは、翌年度の歳入を繰り上げてこれに充てることができ、この場合には、そのために必要な額を翌年度の歳入歳出予算に編入しなければならない。

【問89】 決算　　　　　　　　　　　　　　　　　　　正解：4

1：✕　決算は、出納の閉鎖後3月以内に、普通地方公共団体の長に
　提出しなければならない（233条1項）。
2：✕　決算は、既になされた支出の状況を明確にするものであるか
　ら、事後に行われる議会の認定の議決が支出そのものに影響を及ぼ
　すことはない。
3：✕　基金に編入することができるのは、条例の定めのあるとき又
　は普通地方公共団体の議会の議決のあるときである（233条の2）。
4：○　記述のとおり（地方財政法7条1項）。
5：✕　翌年度の歳入を繰り上げて充てることができるのは、会計年
　度経過後に至って歳入が歳出に不足するときに限られる（施行令
　166条の2）。

Point Check!

□決算は、次の手順による。
　①会計管理者は、毎会計年度、歳入歳出予算について決算を調製し、
　　出納の閉鎖後3月以内（8月31日まで）に、証書類その他の書類
　　と併せて、長に提出する。
　②長は、決算及びこれらの書類を監査委員の審査に付す。
　③長は、監査委員の審査に付した決算を監査委員の意見（監査委員
　　の合議による。）を付けて、次の通常予算を議する会議までに議
　　会の認定に付す。その際、その決算に係る会計年度における主要
　　な施策の成果を説明する書類その他の書類を併せて提出する。
　④長は、議会の認定に付した決算の要領を住民に公表する。
□長は、決算の認定に関する議案が否決された場合に、当該議決を踏
　まえて必要な措置を講じたときは、速やかに、その内容を議会に報
　告し、公表する。
□歳計剰余金は、①2分の1を下らない額を翌翌年度までに積み立て
　又は地方債償還の財源に充て、②条例の定め又は議会の議決により
　基金に編入し、③翌年度の歳入に編入する。

【問90】 契約 （1）

■普通地方公共団体の契約に関して、正しいものはどれか。

1　一般競争入札は、不特定多数の入札参加者間の競争によって契約の相手方とする方法であるから、入札参加者の事業所の所在地等に関する資格を定めることはできない。

2　一般競争入札を行った場合であっても、予定価格の制限の範囲内の価格をもって申込みをした者のうち最低の価格をもって申込みをした者以外の者を契約の相手方とすることができる。

3　普通地方公共団体は、一般競争入札により契約を締結しようとする場合であって必要があると認めるときは、入札に参加しようとする者に対し一定の率又は額の入札保証金を納めさせることができる。

4　緊急の必要により一般競争入札に付することができないとき又は一般競争入札に付することが不利と認められるときには、指名競争入札によることができる。

5　随意契約は競争入札の例外であるから、これによることができるのは、競争入札に付することができないとき若しくは不利と認められるとき又は競争入札に際し落札者がいないときに限られる。

【問90】 契約 （1）   正解：2

1 ：✕　一般競争入札について、必要があるときは、契約の種類・金
額に応じ、工事、製造等の実績等を要件とする資格を定めることが
でき、契約の性質・目的により、当該入札を適正かつ合理的に行う
ため特に必要があると認めるときは、更に、入札参加者の事業所の
所在地等に関する必要な資格を定めることができる（施行令167条
の５、167条の５の２）。

2 ：〇　記述のとおり（234条３項ただし書）。

3 ：✕　一般競争入札の場合、入札参加者に、普通地方公共団体の規
則で定める率又は額の入札保証金を納めさせなければならない（施
行令167条の７第１項）。

4 ：✕　緊急の必要により一般競争入札に付することができないとき
には、通常指名競争入札に付することも困難であり、随意契約によ
ることができる。

5 ：✕　随意契約によることができる場合として、予定価格が普通地
方公共団体の規則で定める額を超えないとき、その性質・目的が競
争入札に適しないものをするとき等の場合が定められている（施行
令167条の２）。

Point Check!

□契約は、①一般競争入札、②指名競争入札、③随意契約又は④せり
売りの方法により締結する。①が原則で、その他の方法は、政令で
定める一定の場合に限り認められる。

□競争入札は、工事等の請負契約を締結しようとする場合で、最低の
価格で入札した者の価格では契約の内容に適合した履行がされない
おそれがあると認める等の事情があるときは、その者を落札者とせ
ず、他の最低の価格で入札した者を落札者とすることができる。

【問91】 契約 （2）　　　　　　　　　　　　重要度★★★

■普通地方公共団体の契約に関して、正しいものはどれか。

1　随意契約の制限に関する法令に違反して締結された契約
　　は、普通地方公共団体による法令違反行為となるから、事
　　情のいかんを問わず、当該契約は無効とされる。

2　普通地方公共団体の長が一定の契約に関する事務をその補
　　助機関である職員に委任した場合には、当該事務の委任を
　　受けた職員は、長の名で契約を締結する。

3　普通地方公共団体の締結する契約について、契約書を作成
　　する場合、契約書は、相手方との間で契約をしたことの単
　　なる証拠手段であると位置付けられている。

4　普通地方公共団体が契約の相手方に契約保証金を納めさせ
　　た場合において、契約の相手方が契約上の義務を履行しな
　　いときは、その契約保証金は、当該普通地方公共団体に帰
　　属する。

5　普通地方公共団体が工事、製造等の請負契約等を締結した
　　場合においては、当該普通地方公共団体の職員によってそ
　　の監督又は検査を行わねばならず、これを外部の者に委託
　　することはできない。

【問91】 契約 （２）   正解：4

1 ：✕　随意契約の規制違反の契約は、当該契約を無効としなければ随意契約の締結に制限を加える法令の趣旨を没却する結果となる特段の事情が認められる場合に限り、私法上無効となる（昭62・5・19最判）。

2 ：✕　委任の場合、長から権限の一部が受任者に移され、受任者の権限として事務が行われるから、受任者の名で契約を締結する。

3 ：✕　契約書を作成する場合には、普通地方公共団体の長又はその委任を受けた者が契約の相手方とともに、契約書に記名押印しなければ、当該契約は、確定しない（234条5項）。

4 ：○　記述のとおり（234条の2第2項）。

5 ：✕　監督・検査は、特に専門的な知識・技能を必要とする等の理由により当該普通地方公共団体の職員によって行うことが困難であり、又は適当でないと認められるときは、その職員以外の者に委託して行わせることができる（施行令167条の15第4項）。

Point Check!

□普通地方公共団体が契約を締結した場合には、職員は、契約の適正な履行の確保又はその受ける給付の完了の確認のため必要な立会い、指示その他の方法による監督又は関係書類に基づく検査をしなければならない。

□契約保証金を納付させた場合において、契約の相手方が契約上の義務を履行しないときは、その契約保証金は、普通地方公共団体に帰属する。ただし、契約で損害賠償又は違約金について定めたときは、その定めによる。

【問92】 現金・有価証券・指定金融機関・時効　　重要度　★

■現金・有価証券、指定金融機関又は時効に関して、正しいものはどれか。

1　都道府県は、公金の収納又は支払の事務を取り扱わせる金融機関を指定しなければならず、また、市町村は、その金融機関を指定することができるが、これらの金融機関の数には制限はない。

2　指定金融機関に公金の収納及び支払の事務を取り扱わせている普通地方公共団体においては、会計管理者が現金を直接収納することはできない。

3　監査委員は、普通地方公共団体の現金出納について例月検査をしなければならないほか、必要があると認めるときは、指定金融機関が取り扱う公金の収納又は支払の事務について監査することができる。

4　会計管理者は、債権の担保として保管する場合には、歳入歳出外現金を保管することができるが、この歳入歳出外現金には、政令で定める率の利子を付さなければならない。

5　国家賠償法に基づく普通地方公共団体に対する損害賠償請求権は、地方公共団体が負う金銭債務であるから、その時効が完成したときは、援用を要しないで、債務が消滅する。

【問92】 現金・有価証券・指定金融機関・時効　　　　　　　正解：3

1：✕　会計事務の処理体制の統一性と能率化を図るため、指定金融機関の数は、その普通地方公共団体を通じて1つに限られている（施行令168条1・2項）。

2：✕　会計管理者が現金を直接収納することができないわけではなく、速やかに、収納した現金を指定金融機関等に払い込まなければならない（施行令168条の5）。

3：〇　記述のとおり（235条の2）。なお、長の要求のあるときも監査することができる。

4：✕　法令又は契約に特別の定めがあるものを除き、歳入歳出外現金には、利子を付さない（235条の4第3項）。

5：✕　国家賠償法に基づく損害賠償請求権は、実質上、民法上の不法行為により損害を賠償すべき関係と同じであるから、私法上の金銭債権であり、民法に基づいて、時効を援用しない限り権利は消滅しない（昭46・11・30最判）。

Point Check!

□①金銭の給付を目的とする地方公共団体の権利及び②金銭の給付を目的とする地方公共団体に対する権利は、その行使が可能な時から5年間行使しないときは、時効により消滅する。法律に定めがあるもの（例：私法上の権利につき民法、商法等）を除く。

□①及び②の権利は、法律に定めがある場合を除き、時効の援用を要せず、また、時効の利益を放棄することができない。その他、消滅時効の完成猶予、更新その他の事項は、法律の定めがある場合を除き、民法の規定を準用する。

□地方公共団体が法令の規定により行う納入の通知及び督促は、時効の更新の効力を有する。

【問93】 一時借入金

■一時借入金に関して、正しいものはどれか。

1　一時借入金の借入れは、予算の執行には該当しないから、普通地方公共団体の長ではなく、会計管理者がこれを行う。

2　一時借入金は、歳出予算内の支出を行う場合のほか、歳出予算がない場合であっても、予算の成立が予想されるときは、借り入れることができる。

3　一時借入金の借入れを行おうとする場合には、具体的な借入先及び借入金を決め、あらかじめ、議会の議決を経なければならない。

4　一時借入金は、普通地方公共団体の会計の計算の上では、現金の増加をもたらすものであるから、歳入予算に歳入として計上しなければならない。

5　一時借入金の借入れを行った場合には、その会計年度の歳入をもって償還しなければならないが、この歳入とは、出納閉鎖日までに収入された歳入をいう。

【問93】 一時借入金 　　　　　　　　　　　　　　正解：5

1：✕　一時借入金の借入れは、予算の執行であり、普通地方公共団
体の長が行う（235条の3第1項）。

2：✕　一時借入金は、「歳出予算内の支出」に係る現金の不足を補
うために借り入れることができるのであって（235条の3第1項）、
予算成立を予想して借り入れることはできない。

3：✕　一時借入金は、予算の形式で定められる（235条の3第2項）
ものであり、借入れごとに議会の議決を必要としない。

4：✕　一時借入金は、歳入予算に歳入として計上されない。

5：○　記述のとおり（235条の3第3項）。

Point Check!

□長は、その会計年度の歳出予算内の支出をするための一時借入金の
借入れをすることができる。一時借入金の借入れの最高額は、予算
で定める。一時借入金は、その会計年度の歳入をもって償還しなけ
ればならない。

□地方公営企業の一時借入金は、企業管理者の権限とされている。ま
た、地方公営企業の一時借入金については、資金不足のため償還す
ることができない金額を限度として、これを借り換えることができ
る。

【問94】公有財産

重要度　★★

■公有財産に関して、正しいものはどれか。

1　地方自治法に規定する財産には、公有財産のほか、物品及び債権が含まれるが、その範囲から基金に属する財産が除外される。

2　普通地方公共団体の長は、委員会又は委員に対し、公有財産の取得又は管理について、報告を求め、実地について調査し、又はその結果に基づいて必要な措置を講ずべきことを勧告することができる。

3　普通地方公共団体の委員会又は委員は、公有財産を取得しようとするときは、普通地方公共団体の長に協議しなければならず、協議が調わなければその取得をすることができない。

4　公有財産に関する事務に従事したことのある職員は、その取り扱っていた公有財産を譲り受け、又は自己の所有物と交換することができず、これを行った場合は、無効となる。

5　公有財産であっても市町村の住民の中で旧来の慣行により特に使用する権利を有する者があるときは、その旧慣によって使用することができるが、住民に新たに使用する権利を与えることはできない。

【問94】 公有財産　　　　　　　　　　　　　　　　　　正解：3

1：✕　基金も地方自治法上の「財産」である（237条1項）。

2：✕　普通地方公共団体の長は、委員会・委員又はこれらの管理に属する機関で権限を有するものに対し、公有財産の取得・管理について、必要な措置を講ずべきことを求めることができ（238条の2第1項）、求められた者はこれに従うべき法的な義務がある。

3：○　記述のとおり（238条の2第2項）。この「協議」は、普通地方公共団体の機関間の内部手続であるから、協議が調わない限り、行為をすることはできない。

4：✕　過去において公有財産に関する事務に従事したことのある職員が、その際取り扱っていた公有財産を譲り受け、又は自己の所有物と交換することは禁止されていない（238条の3第1項）。

5：✕　旧来の慣行により特に公有財産を使用する権利を有する者があるときは、市町村長は、議会の議決を経て、これを新たに使用する許可をすることができる（238条の6第2項）。

Point Check!

□公有財産＝地方公共団体の所有する財産（基金に属するものを除く。）のうち、①不動産、②船舶等及び航空機、③①・②の従物、④地上権等の用益物権、⑤特許権等の無体財産権、⑥株式、社債（短期社債等を除く。）、地方債、国債等、⑦出資の権利、⑧財産の信託の受益権。

□公有財産に関する事務に従事する職員は、その取扱いに係る公有財産の譲受け又は自己の所有物との交換ができない。これに反する行為は、無効となる。

□公有財産は、行政財産と普通財産に分類する。

【問95】 行政財産 　　　　　　　　　　重要度★★★

■**行政財産に関して、正しいものはどれか。**

1　行政財産とは、公有財産のうち、普通地方公共団体において現に公用又は公共用に供している財産をいい、道路予定地のように公共用に供することを予定している財産は含まない。

2　行政財産を貸し付け、交換し、売り払い、譲与し、又はこれに私権を設定することができないにもかかわらず、これを行った場合、民法の規定にかかわらず、これを取り消すことができる。

3　行政財産は、その用途又は目的を妨げない限度において、国、他の地方公共団体等に対し、貸し付け、又は地上権の設定ができるが、地役権の設定をすることは認められていない。

4　行政財産は、その用途又は目的を妨げない限度においてその使用を許可することができ、この場合の行政財産の使用については、借地借家法の規定は、適用されない。

5　行政財産の使用を許可する場合には、公用又は公共用に供するため必要を生じたときはこれを解除することができる旨の条件を付けなければならない。

【問95】 行政財産　　　　　　　　　　　　　　　　　　正解：4

1：✕　行政財産は、普通地方公共団体において公用又は公共用に供し、又は供することと決定した財産をいい（238条4項）、いわゆる予定公物も含まれる。

2：✕　地方自治法の規定に違反して、行政財産を貸し付け、交換し、売り払い、譲与し、出資の目的とし、若しくは信託し、又はこれに私権を設定した場合、その行為は無効であり（238条の4第6項）、取り消す余地はない。

3：✕　国、他の地方公共団体又は政令で定める法人の使用する電線路その他政令で定める施設の用に供する場合においては、その者のために行政財産である土地に地役権を設定することができる（238条の4第2項6号）。

4：○　記述のとおり（238条の4第7・8項）。

5：✕　行政財産を公用又は公共用に供するため必要を生じたときは、使用の許可を取り消すことができる（238条の4第9項）。

 *Point Check!*

□行政財産＝普通地方公共団体において公用・公共用に供し、又は供することを決定した財産。

□行政財産は、地方自治法に定めのある場合を除き、①貸付け、②交換、③売払い、④譲与、⑤出資の目的、⑥信託、⑦私権の設定ができず、違反する行為は無効となる。

□行政財産は、その用途又は目的を妨げない限度においてその使用を許可することができる。この使用については、借地借家法の規定を適用せず、また、長又は委員会は、①公用又は公共用に供するため必要を生じたとき、②許可の条件に違反する行為があると認めるときは、使用許可を取り消せる。

【問96】 普通財産

重要度★★★

■**普通財産に関して、正しいものはどれか。**

1 普通財産については、これを交換し、出資の目的とし、若しくは支払手段として使用し、又は適正な対価なくしてこれを譲渡し、若しくは貸し付ける場合には、条例又は議会の議決によることを要しない。

2 普通財産である土地は、当該普通地方公共団体、国又は他の普通地方公共団体その他政令で定める法人を受益者として、政令で定める信託の目的により、これを信託することができる。

3 普通財産について、貸付けをした場合に、その貸付期間中に公用又は公共用に供するため必要を生じたときは、その契約を解除することができるが、貸付け以外の方法で使用させた場合には、これとは異なる取扱いがなされる。

4 普通財産の貸付期間中に公用又は公共用に供するため必要を生じた場合に、普通地方公共団体の長が貸付けの契約を解除した場合においては、借受人は、解除によって生じた損失につきその補償を求めることができない。

5 普通財産を売り払う際に一定の用途並びにその用途に供する期日及び期間を指定した場合に、買受人が指定された期日までにその用途に供しないときは、その契約を解除することができる。

【問96】 普通財産

1：✗　普通財産は、貸付け等ができるが、普通地方公共団体の「財産」としての規制が当然に及ぶ（237条2項）。

2：✗　普通地方公共団体の行う信託の受益者は、当該普通地方公共団体に限られている（238条の5第2項）。

3：✗　貸付け以外の方法（地上権、地役権等の設定）で使用させた場合も、解除することができる（238条の5第4・7項）。

4：✗　借受人は、解除によって生じた損失の補償を求めることができる（238条の5第5項）。

5：○　記述のとおり（238条の5第6・7項）。

Point Check!

□普通財産＝行政財産以外の一切の公有財産。

□普通財産は、①貸付け、②交換、③売払い、④譲与、⑤出資の目的、⑥私権の設定ができる。

□普通財産を①貸し付けた場合又は②貸付け以外の方法で使用させた場合に、その貸付期間中に国、地方公共団体その他公共団体において公用又は公共用に供するため必要が生じたときは、契約を解除できる。この場合は、借受人は、損失補償を求められる。普通財産の土地（その定着物を含む。）を信託する場合も同じ。

□長が、一定の用途及びその用途に供しなければならない期日・期間を指定して普通財産を①貸し付けた場合、②売り払った場合又は③譲与した場合に、相手方が指定された期日を経過してもこれをその用途に供しないとき、又は一旦その用途に供した後指定された期間内にその用途を廃止したときは、長は、その契約を解除できる。普通財産の土地（その定着物を含む。）を信託する場合も同じ。

【問97】 物品

重要度 ★★

■普通地方公共団体の物品に関して、正しいものはどれか。

1 物品とは、普通地方公共団体の所有に属する動産であって、現金（現金に代えて納付される証券を含む。）、公有財産に属するもの又は基金に属するものを除くものをいう。

2 物品については、その出納に関する事務は、会計管理者がつかさどり、その保管（使用中の物品に係る保管を除く。）に関する事務は、普通地方公共団体の長が指定する職員がつかさどる。

3 会計管理者は、購入した物品を直ちに職員に使用させる場合を除き、普通地方公共団体の長の通知がなければ、物品の出納をすることができない。

4 物品に関する事務に従事する職員は、その取扱いに係る物品（政令で定める物品を除く。）を普通地方公共団体から譲り受けることができず、これに違反する行為は、無効となる。

5 物品を使用している職員は、その物品に関する権限を委ねられているから、その使用に係る物品を亡失し、又は損傷したとしても、賠償の責任を負うことはない。

【問97】 物品

正解： 4

1 ： ✕　物品には、記述のもののほか、普通地方公共団体が使用のために保管する動産で、都道府県警察が使用している国有財産及び国有の物品以外のものも含まれる（239条1項）。

2 ： ✕　物品の出納及び保管は、会計管理者がつかさどる事務である（170条2項4号）。

3 ： ✕　物品の出納に関し、長の通知を不要とする例外は規定されていない（施行令170条の3）。

4 ： ◯　記述のとおり（239条2・3項）。

5 ： ✕　物品を使用している職員が故意又は重過失で物品を亡失・損傷したときは、賠償責任を負う（243条の2の2第1項）。

Point Check!

□物品＝①地方公共団体の所有に属する動産（現金（現金に代えて納付される証券）、公有財産に属するもの又は基金に属するものを除く。）、②地方公共団体が使用のために保管する動産（都道府県警察が使用している国有財産及び国有の物品を除く。）。

□会計管理者は、使用中の物品の保管を除き、物品の出納・保管を行い、長の通知がなければ、物品の出納ができない。

□物品に関する事務に従事する職員は、その取扱いに係る物品（①証紙その他その価格が法令の規定により一定している物品・②売却を目的とする物品又は不用の決定をした物品で長が指定するものを除く。）を普通地方公共団体から譲り受けられない。これに違反する行為は、無効となる。

【問98】 債権

■普通地方公共団体の債権に関して、正しいものはどれか。

1　債権とは、金銭の給付を目的とする普通地方公共団体の権利であって、地方税、分担金、使用料等のように、法令又は条例にその徴収について規定のあるものをいう。

2　普通地方公共団体の債権が時効によって消滅した場合であっても、法律に特別の定めがある場合を除き、その債務者は、その利益を放棄して、これを履行することができる。

3　普通地方公共団体の長は、その債権について、その徴収停止、履行期限の延長又は当該債権に係る債務の免除をすることができない。

4　普通地方公共団体の長は、分担金、使用料等の普通地方公共団体の歳入に係る債権を除く債権について、履行期限までに履行しない者があるときは、その履行をする意思の有無を確認しなければならない。

5　普通地方公共団体の長が行う債権の督促は、時効の更新の効力を有するから、これを受けた債務者にとっては、時効の成立に必要な期間の進行が一旦は無に帰すことになる。

【問98】 債権　　　　　　　　　　　　　　　　　　　　　正解：5

1 : ✕　債権とは、金銭の給付を目的とする普通地方公共団体の権利
であり、法令又は条例にその徴収について規定があるかどうかを問
わない（240条1項）。

2 : ✕　普通地方公共団体の金銭債権は、時効の利益の放棄を認める
と、債権債務関係がいつまでも不確定になるため、法律に特別の定
めがある場合を除き、時効の利益を放棄することができない（236
条2項）。

3 : ✕　政令の定めるところにより、徴収停止、履行期限の延長又は
債務の免除を行うことができる（240条3項）。

4 : ✕　履行期限までに履行しない者があるときは、期限を指定して
これを督促しなければならない（施行令171条）。

5 : ○　記述のとおり（236条4項）。

Point Check!

□債権＝金銭の給付を目的とする地方公共団体の権利。

□長は、債権について、①督促、強制執行その他その保全及び取立て
に関し必要な措置をとらなければならず、②一定の場合に、徴収停
止、履行期限の延長又は債務の免除ができる。①・②は、地方税法
による徴収金に係る債権等一般的な債権管理になじまないため別に
定められているものを除き、適用される。

【問99】　基金　　　　　　　　　　　　　　　重要度　★★

■普通地方公共団体の基金に関して、正しいものはどれか。

1　普通地方公共団体は、特定の目的のために財産を維持し、又は資金を積み立てる場合に限り、条例の定めるところにより、基金を設けることができる。

2　特定の目的のために財産を取得し、又は資金を積み立てるための基金を設けた場合においては、当該目的のためでなければこれを処分することができない。

3　資金を積み立てるための基金については、普通地方公共団体の長は、毎会計年度、その運用の状況を示す書類を、監査委員の意見を付けて、議会に提出しなければならない。

4　基金の管理に要する経費は、歳入歳出予算に計上しなければならないが、基金の運用益は、歳入歳出予算に計上することなく当然に基金に編入することができる。

5　地方自治法に定めるもののほか、基金の管理及び処分に関し必要な事項は、当該基金の目的に係る事務に応じ、当該事務を所掌する執行機関の規則その他の規程で定める。

【問99】 基金　　　　　　　　　　　　　　　　　　　　正解：2

1：✕　基金は、記述の場合のほか、特定の目的のために定額の資金を運用するために設けることができる（241条1項）。

2：○　記述のとおり（241条3項）。

3：✕　基金の運用の状況を示す書類の提出は、定額の資金を運用するための基金についてのみ必要とされている（241条5項）。

4：✕　基金の収益及び管理経費は、歳入歳出予算に計上しなければならない（241条4項）から、基金の運用益を基金に編入するには、歳入歳出予算に計上しなければならない。

5：✕　基金の管理及び処分に関し必要な事項は、条例で定めなければならない（241条8項）。

Point Check!

□普通地方公共団体は、条例の定めるところにより、①特定の目的のために財産を維持し、資金を積み立てるための基金又は②特定の目的のために定額の資金を運用するための基金を設けられる。

□基金の運用から生ずる収益及び基金の管理に要する経費は、それぞれ毎会計年度の歳入歳出予算に計上する。

□資金を積み立てるための基金を設けた場合は、その目的のためでなければ財産・資金を処分できない。

□資金を運用するための基金を設けた場合は、長は、毎会計年度、運用状況を示す書類を作成し、監査委員の審査に付し、その合議による意見を付けて、決算関係書類と併せて議会に提出しなければならない。

□基金の管理については、基金に属する財産の種類に応じ、収入・支出の手続、歳計現金の出納・保管、公有財産・物品の管理・処分又は債権の管理の例による。

【問100】 住民監査請求 （1）　　　重要度★★★

■住民監査請求に関して、正しいものはどれか。

1　住民監査請求をすることができるのは、普通地方公共団体の住民であり、住民である以上1人でもすることができるが、その普通地方公共団体の議会の議員及び長の選挙権を有する者でなければならない。

2　住民監査請求の対象となるのは、違法若しくは不当な財務会計上の行為及び財務に関し怠る事実であり、財務会計上の行為については現にそれがなされているか、なされたものでなければならない。

3　住民監査請求は、正当な理由がない限り、違法又は不当な財務会計上の行為のあった日又は終わった日から1年以内にしなければならないが、違法又は不当な財務に関し怠る事実については、法律上期間の制限はない。

4　住民監査請求があった場合で、その行為が違法と思うに足りる相当な理由があり、回復困難な損害を避けるため緊急の必要があるときは、監査委員は、監査終了までの間のその行為の停止を勧告できる。

5　住民監査請求について監査委員が監査を行い、請求に理由があると認めるときは、関係機関又は職員に対し必要な措置を講ずべきことを勧告するが、関係機関等は、何らかの措置を講じる法的義務はない。

【問100】 住民監査請求 （1） 正解：3

1：✕ 住民監査請求は、事務監査請求（75条）と異なり、住民であれば、選挙権の有無を問わない（242条1項）。

2：✕ 当該行為がなされることが相当の確実さをもって予測される場合も対象とされている（242条1項）。

3：○ 記述のとおり。不作為については、起算点を求めることが困難であること等の理由から、期間の制限はない。

4：✕ 暫定的な停止勧告制度の要件は、記述のほかに、当該行為を停止することによって人の生命・身体に対する重大な危害の発生の防止その他公共の福祉を著しく阻害するおそれがないと認めるときでなければならない（242条4項）。また、勧告の際に、理由を付さなければならない。

5：✕ 勧告を受けた議会、長その他の執行機関又は職員は、当該勧告に示された期間内に必要な措置を講ずるとともに、その旨を監査委員に通知しなければならない（242条9項）。

Point Check!

□住民監査請求の対象は、長若しくは委員会・委員又は職員による、①違法又は不当な財務会計上の行為（公金の支出、財産の取得・管理・処分、契約の締結・履行又は債務その他の義務の負担）、②違法又は不当な財務に関し怠る事実（公金の賦課・徴収又は財産の管理を怠る事実）。①は、それがなされることが相当の確実さをもって予測される場合を含む。

□住民は、当該行為又は怠る事実を証する書面を添え、監査委員に対し、監査を求め、①その行為の防止・是正をし、②怠る事実を改め、又は③その行為・怠る事実によってその地方公共団体が被った損害を補填するために必要な措置を講ずることを請求できる。

□住民監査請求があったときは、監査委員は、直ちに当該請求の要旨を議会及び長に通知しなければならない。

【問101】 住民監査請求 （2）
《発展問題》

■住民監査請求に関して、正しいものはどれか。

1　住民監査請求をすることができるのは、普通地方公共団体
　　の住民とされているが、自然人に限られており、法人は含
　　まれない。

2　住民監査請求の対象は、普通地方公共団体の長又は委員会
　　若しくは委員による財務会計上の行為又は怠る事実に限ら
　　れており、職員によるものは対象にはならない。

3　監査委員は、住民監査請求に係る監査を行うに当たって必
　　要があると認めるときは、請求人に対し、証拠の提出又は
　　陳述をする機会を与えることができる。

4　住民監査請求があった場合には、監査委員は、監査を行い、
　　請求に理由がないと認めるときは、理由を付してその旨を
　　書面により請求人に通知するとともに、これを公表しなけ
　　ればならない。

5　監査の執行には、個々の監査委員が当たるため、住民監査
　　請求に係る監査及び勧告についての決定は、当該住民監査
　　請求を受けた監査委員が単独で行う。

【問101】 住民監査請求 （2） 　　　　　　　　　　　　正解： 4

1 ： ✕　住民には、法人も含まれる。
2 ： ✕　職員の行為等も対象となる（242条 1 項）。
3 ： ✕　監査に当たって、請求人に証拠の提出及び陳述の機会を与え
　なければならない（242条 7 項）。
4 ： ◯　記述のとおり（242条 5 項）。
5 ： ✕　監査及び勧告についての決定は、監査委員の合議による（242
　条11項）。

□住民監査請求があった場合においては、監査委員は、監査を行い、
　合議により、①請求に理由がないと認めるときは、理由を付してそ
　の旨を書面により請求人に通知するとともに、公表する。②請求に
　理由があると認めるときは、議会、長その他の執行機関又は職員に
　対し期間を示して必要な措置を講ずべきことを勧告するとともに、
　その勧告内容を請求人に通知し、かつ、公表する。監査・勧告は、
　請求があった日から60日以内に行わなければならない。
□監査を行うに当たっては、①請求人に証拠の提出及び陳述の機会を
　与えなければならず、また、②必要があると認めるときは、①の聴
　取に関係執行機関・職員を立ち会わせ、又は関係執行機関・職員の
　陳述の聴取に請求人を立ち会わせることができる。
□監査委員の勧告を受けた議会、長その他の執行機関・職員は、その
　勧告に示された期間内に必要な措置を講じ、その旨を監査委員に通
　知しなければならない。監査委員は、その通知に係る事項を請求人
　に通知するとともに、公表する。
□議会は、住民監査請求に係る行為・怠る事実に関する損害賠償・不
　当利得返還請求権等の権利の放棄の議決をしようとするときは、あ
　らかじめ監査委員の意見（その合議による。）を聴かなければなら
　ない。

【問102】 住民訴訟 （1） 　　　　　　重要度★★★

■住民訴訟に関して、正しいものはどれか。

1　普通地方公共団体の住民は、住民監査請求に係る監査の結果に不服があるとき等に、裁判所に対し、その監査請求に係る違法又は不当な財務会計上の行為又は怠る事実につき訴えを提起することができる。

2　住民訴訟を提起することができるのは、監査の結果若しくは勧告に不服があるとき、又は監査委員が定められた期間内に監査や勧告を行わないときに限られる。

3　住民訴訟において執行機関又は職員に対する財務会計上の行為の差止めの請求は、住民監査請求と異なり、その行為が開始されていなければ行うことができない。

4　住民訴訟においては、財務会計上の行為又は怠る事実に係る相手方に対し、普通地方公共団体に代位して、損害賠償又は不当利得返還の請求をすることができる。

5　住民訴訟の提起者が勝訴した場合、いずれの訴訟の形式であっても、その普通地方公共団体に対し、弁護士、弁護士法人又は弁護士・外国法事務弁護士共同法人に対する報酬額の範囲内で相当額の支払を請求することができる。

【問102】 住民訴訟（1）　　　　　　　　　　　　　　　　正解：5

1：✕　住民訴訟において訴えを提起することができるのは、住民監査請求で請求した事項のうち、違法な行為又は怠る事実だけである（242条の2第1項）。

2：✕　住民訴訟の提起は、記述のほか、住民監査請求をした場合に、①勧告を受けた普通地方公共団体の議会、長その他の執行機関・職員の措置に不服があるとき、②議会、長その他の執行機関・職員が勧告を受けても措置を講じないときがある（242条の2第1項）。

3：✕　住民監査請求と同じく、その行為がなされることが相当の確実さをもって予測される場合も差止め請求ができる。

4：✕　住民訴訟においては、相手方に損害賠償等の請求をすることを普通地方公共団体の執行機関・職員に対して求める請求をすることができ、普通地方公共団体に代位して損害賠償等の請求を行う制度はない。

5：○　記述のとおり（242条の2第12項）。なお、一部勝訴の場合も請求することができる。

Point Check!

□住民訴訟を提起できるのは、①監査委員の監査の結果・勧告に不服があるとき、②勧告を受けた普通地方公共団体の議会、執行機関又は職員の措置に不服があるとき、③監査委員が監査・勧告を法定の期間内に行わないとき、④勧告を受けた議会、執行機関又は職員が措置を講じないとき。それぞれ一定期日以内（不変期間）に提起しなければならない。

□住民訴訟の対象となるのは、長若しくは委員会・委員又は職員による①違法な財務会計上の行為又は②違法な財務に関し怠る事実。

【問103】 住民訴訟 （2） 重要度 ★★
《発展問題》

■住民訴訟に関して、正しいものはどれか。

1 住民訴訟においては、住民監査請求の対象となった違法な
　財務会計上の行為又は怠る事実以外の違法な行為又は事実
　を追加して請求することができる。

2 一の訴訟が係属しているときは、当該普通地方公共団体の
　他の住民は、別訴をもって同一の請求をすることができな
　い。

3 執行機関又は職員に対する財務会計上の行為の差止めは、
　当該行為を差し止めることによって回復が困難な損害を生
　ずるおそれがあるときは、することができない。

4 職員への損害賠償の請求を普通地方公共団体の執行機関又
　は職員に対して求める住民訴訟が提起された場合には、当
　該執行機関又は職員は、当該請求に係る職員に対して、そ
　の訴訟の告知をすることができる。

5 職員への損害賠償の請求を普通地方公共団体の執行機関又
　は職員に対して求める住民訴訟について、損害賠償の請求
　を命ずる判決が確定した場合には、当該普通地方公共団体
　は、直ちに、当該損害賠償の請求を目的とする訴訟を提起
　しなければならない。

【問103】 住民訴訟（2）

正解：2

1：✕　監査請求の対象となった行為又は事実以外の行為又は事実を追加することはできない（242条の2第1項）。

2：○　記述のとおり（242条の2第4項）。

3：✕　差止めができないのは、当該行為を差し止めることによって人の生命・身体に対する重大な危害の発生の防止その他公共の福祉を著しく阻害するおそれがあるときである（242条の2第6項）。

4：✕　記述の場合、訴訟告知をしなければならない（242条の2第7項）。この訴訟告知により、訴訟の終了から6月を経過するまでの間、当該請求権の時効の完成が猶予される（242条の2第8項）。

5：✕　普通地方公共団体は、判決確定日から60日以内の日を期限として損害賠償金の支払を請求し、その日までに支払がないときに、訴訟を提起しなければならない（242条の3第1・2項）。

Point Check!

□住民訴訟で請求できる事項は、次の4種類である。
　①執行機関又は職員に対する行為の全部・一部の差止めの請求
　②行政処分たる行為の取消し又は無効確認の請求
　③執行機関又は職員に対する怠る事実の違法確認の請求
　④職員又は行為・怠る事実の相手方に損害賠償や不当利得返還の請求をすることを、地方公共団体の執行機関又は職員に対して求める請求（職員の賠償責任の規定による賠償命令の対象となる者の場合は、賠償命令をすることを求める請求）

【問104】 普通地方公共団体の長等の
損害賠償責任の一部免責

重要度 ★★

■普通地方公共団体の長等の損害賠償責任の一部免責に関して、正しいものはどれか。

1 普通地方公共団体は、当該普通地方公共団体の長等が職務を行うにつき善意でかつ重大な過失がないときについて、当該普通地方公共団体の長等の損害賠償責任の一部を免責する条例を制定することができる。

2 普通地方公共団体の長等の損害賠償責任の一部を免責する条例においては、当該普通地方公共団体の長等の職責その他の事情を考慮して、免責すべき額を定めなければならない。

3 普通地方公共団体の長は、当該普通地方公共団体の長等の損害賠償責任の一部を免責する条例の案を作成する場合には、あらかじめ、監査委員の意見を聴かなければならない。

4 普通地方公共団体の長は、当該普通地方公共団体の長等の損害賠償責任の一部を免責する条例に基づき、その損害賠償の額を縮減させる場合には、損害賠償責任を負う長等に対し、その旨の意思表示をしなければならない。

5 普通地方公共団体の長等の損害賠償責任の一部を免責する条例が施行されている場合、議会は、長等に対する損害賠償請求権の放棄に関する議決をすることができない。

【問104】 普通地方公共団体の長等の損害賠償責任の一部免責　正解：1

1 ： ○　記述のとおり（243条の2第1項）。

2 ： ✕　免責条例は、長等が本来負うべき損害賠償額から控除すべき最低負担額を定める（243条の2第1項）。

3 ： ✕　事前に監査委員の意見（合議による。）の聴取が義務付けられるのは、議会が免責条例の制定・改廃の議決をしようとするときである（243条の2第2項）。

4 ： ✕　免責条例の要件を満たせば、免責条例それ自体の効力により、長等の負う損害賠償の額から最低負担額を控除して得られた額の損害賠償請求権が当然に消滅するため、長による別途の意思表示は不要である。

5 ： ✕　長等に対する損害賠償請求権の放棄の議決（96条1項10号）を禁止する規定はない。ただし、放棄の議決は、議会の裁量権の逸脱・濫用に当たらない範囲内で行う必要がある（平24・4・20最判）。

Point Check!

□普通地方公共団体は、長・委員会の委員・委員又は職員（職員の賠償責任の規定による賠償命令の対象者を除く。）が、職務を行うにつき善意でかつ重大な過失がないときは、長等が賠償の責任を負う額から、条例で定める額（最低負担額）を控除して得た額について免れさせる旨の条例（免責条例）を制定できる。免責条例は、政令で定める基準を参酌して、政令で定める額（最低額）以上の額で、最低負担額を定める。

□議会は、免責条例の制定改廃の議決をしようとするときは、あらかじめ監査委員の意見（その合議による。）を聴かなければならない。

【問105】 職員の賠償責任　　　　　　　　　重要度★★★

■職員の賠償責任に関して、正しいものはどれか。

1　資金前渡を受けた職員は、故意又は過失により、その保管
　に係る現金を亡失したときは、これによって普通地方公共
　団体に生じた損害を賠償しなければならない。

2　物品を使用している職員は、故意又は過失により、その使
　用に係る物品を損傷したときは、これによって普通地方公
　共団体に生じた損害を賠償しなければならない。

3　支出負担行為、支出又は支払等の行為をする権限を有する
　予算執行職員は、故意又は過失により法令の規定に違反し
　て当該行為をしたことによって普通地方公共団体に損害を
　与えたときは、これを賠償しなければならない。

4　普通地方公共団体に生じた損害が2人以上の会計職員の行
　為によって生じたものであるときは、それぞれの会計職員
　は、連帯してその全額について賠償の責任を負う。

5　普通地方公共団体の長は、賠償責任があると決定された職
　員からなされた当該損害がやむを得ない事情によることの
　証明を相当と認めるときは、監査委員との協議を経て、賠
　償責任の全部又は一部を免除することができる。

【問105】 職員の賠償責任　　　　　　　　　　　　　正解： 1

1 ： ○　記述のとおり（243条の2の2第1項）。

2 ： ×　物品の損傷について賠償責任を負うのは、故意又は重過失のある場合である（243条の2の2第1項）。

3 ： ×　予算執行職員についても、賠償責任を負うのは、故意又は重過失のある場合である（243条の2の2第1項）。

4 ： ×　記述の場合、それぞれの職分に応じ、かつ、当該行為が当該損害の発生の原因となった程度に応じて賠償の責めに任ずる（243条の2の2第2項）。

5 ： ×　賠償責任を免除する場合には、あらかじめ監査委員の意見を聴き、その意見を付けて議会に付議した上、議会の同意を得る必要がある（243条の2の2第8項）。

Point Check!

□職員の賠償責任は、① i 会計管理者・その事務を補助する職員、ii 資金前渡を受けた職員、iii 占有動産を保管している職員、iv 物品を使用している職員が、②故意又は重大な過失（現金については、故意又は過失）により、③その保管に係る現金、有価証券、物品、占有動産又はその使用に係る物品を亡失し、又は損傷したときに発生する。

□上記のほか、職員の賠償責任は、① i 支出負担行為、ii 支出命令・支出命令の確認、iii 支出・支払、iv 契約の履行の監督・検査の権限を有する職員又はその事務を直接補助する職員で規則で指定したものが、②故意又は重大な過失により③法令の規定に違反して当該行為をしたこと又は怠ったことにより損害を与えたときも発生する。

□賠償責任の有無及び賠償額は、監査委員の合議により決定し、長は、その決定に基づき、期限を定めて賠償を命じる。

【問106】 公の施設 （1）　　　　　重要度★★★

■公の施設に関して、正しいものはどれか。

1　公の施設とは、普通地方公共団体がその住民の利用に供するために設ける施設をいうから、道路、河川等のように住民以外の者の利用も前提とする施設は公の施設ではない。

2　普通地方公共団体は、正当な理由がない限り、全ての者に対して公の施設の利用を拒んではならず、また、全ての者に対して公の施設の利用について差別的取扱いをしてはならない。

3　法律又はこれに基づく政令に特別の定めがあるものを除き、公の施設の設置及びその管理に関する事項は、条例で定めなければならない。

4　条例で定める重要な公の施設のうち条例で定める特に重要なものの設置及び廃止については、議会において出席議員の3分の2以上の者の同意を得なければならない。

5　公の施設の設置の目的を効果的に達成するため必要があると認めるときは、その管理を、人格が高潔で、かつ、公の施設を適切かつ効果的に管理する能力を有する個人に委託することができる。

【問106】 公の施設 （1）　　　　　　　　　　　　　正解：3

1：✕　公の施設は、住民の利用に供するために設ける施設であり、住民以外の者の利用に供するものは公の施設ではないが、住民だけが利用する施設である必要はない。道路、河川等は住民の利用に供する以上、公の施設である。

2：✕　公の施設は、住民の利用に供するために設ける施設であるから、住民が公の施設を利用することを拒んではならず（244条2項）、また、住民が公の施設を利用することについて、不当な差別的取扱いをしてはならない（244条3項）。

3：○　記述のとおり（244条の2第1項）。

4：✕　設置条例については、通常の多数決による。

5：✕　公の施設の管理を行わせることができるのは、法人その他の団体であって普通地方公共団体が指定するもの（指定管理者）であり（244条の2第3項）、個人がその管理を行うことはない。

Point Check!

□公の施設＝普通地方公共団体が設ける施設であって、住民の福祉を増進する目的で、住民の利用に供するためのもの。

□普通地方公共団体（指定管理者を含む。）は、①正当な理由がない限り、住民が公の施設を利用することを拒んではならず、②住民が公の施設を利用することについて、不当な差別的取扱いをしてはならない。

□公の施設の設置及び管理に関する事項は、法律又は法律に基づく政令に特別の定めがあるものを除き、条例で定める。条例で定める重要な公の施設のうち条例で定める特に重要なものを廃止しようとするときは、議会の出席議員の3分の2以上の者の同意を得なければならない。

【問107】 公の施設 （2）　　　　　　重要度 ★★

■公の施設に関して、正しいものはどれか。

1　条例で定める重要な公の施設のうち条例で定める特に重要
　　なものについて、条例で定める長期かつ独占的な利用をさ
　　せようとするときは、議会において出席議員の3分の2以
　　上の者の同意を得なければならない。

2　公の施設は、住民の福祉を増進する目的をもってその利用
　　に供するための施設であるから、法律又は政令に特別の定
　　めがある場合を除き、その利用につき使用料を徴収しては
　　ならない。

3　公の施設は、普通地方公共団体がその住民の利用に供する
　　ために設置する施設であるから、当該普通地方公共団体の
　　区域以外においては、設置することができない。

4　公立学校も公の施設であるが、その設置、管理及び廃止に
　　関することは教育委員会の権限であることから、その設置
　　については、教育委員会の規則で規定する。

5　普通地方公共団体の長に対して公の施設を利用する権利に
　　関する処分についての審査請求がされた場合において、不
　　適法で却下するとき又は棄却の裁決をするときは、普通地
　　方公共団体の長は、議会に諮問をする必要はない。

【問107】 公の施設（2）　　　　　　　　　　　　　　　　　正解： 1

1 ： ○　記述のとおり（244条の2第2項）。
2 ： ×　条例で定めれば、使用料を徴収することができる（225条、228条）。
3 ： ×　区域外においても、関係普通地方公共団体との協議により、設置できる。この協議については、関係普通地方公共団体の議会の議決が必要となる（244条の3第1・3項）。
4 ： ×　公立学校の設置についても、他の公の施設と同様に、条例で規定することが必要である（244条の2第1項）。
5 ： ×　当該審査請求を不適法却下する場合のみ、議会への諮問が不要とされる（244条の4第2項）。却下したときは、議会にその旨を報告しなければならない（244条の4第4項）。

Point Check!

□普通地方公共団体は、その区域外においても、関係普通地方公共団体と協議することにより、公の施設を設けることができる。また、他の普通地方公共団体との協議により、その他の普通地方公共団体の公の施設を自己の住民の利用に供させることができる。いずれの協議も、関係普通地方公共団体の議会の議決が必要。

□長以外の機関（指定管理者を含む。）がした公の施設を利用する権利に関する処分についての審査請求は、長が当該機関の最上級行政庁でない場合においても、長に対して行う。

□長は、審査請求について、不適法却下するときを除き、議会に諮問した上で裁決をする。議会は、諮問を受けて20日以内に意見を述べる。諮問をしないで審査請求を却下したときは、長は、その旨を議会に報告する。

【問108】 公の施設の管理　　　　　　　　　重要度★★★

■公の施設の管理に関して、正しいものはどれか。

1　普通地方公共団体は、公の施設の管理を指定管理者に行わせることができるが、指定管理者とは、普通地方公共団体がその2分の1以上を出資している法人又は公共的団体であって、普通地方公共団体が指定したものをいう。

2　普通地方公共団体は、指定管理者の指定をしようとするときは、あらかじめ、当該普通地方公共団体の議会の議決を経なければならない。

3　指定管理者の指定は、その管理を委ねる期間を定める有期指定の方法か、又は期間を定めない無期指定の方法のいずれかで行うことができる。

4　普通地方公共団体は、公益上必要があると認められる場合に限り、指定管理者にその管理する公の施設の利用料金を当該指定管理者の収入として収受させることができる。

5　普通地方公共団体の長又は委員会は、指定管理者の管理する公の施設の管理の適正を期するため、指定管理者に対して、業務・経理の状況に関し報告を求め、又は実地調査をすることができるが、指示をすることはできない。

【問108】 公の施設の管理 正解：2

1 ：✕ 指定管理者は、法人その他の団体であればよく、出資法人や公共的団体である必要はない（244条の2第3項）。

2 ：〇 記述のとおり（244条の2第6項）。

3 ：✕ 指定は、期間を定めて行う（244条の2第5項）。

4 ：✕ 指定管理者に利用料金を収受させるのは、普通地方公共団体が適当と認めるときである（244条の2第8項）。

5 ：✕ 必要な指示を行うことができる（244条の2第10項）。

Point Check!

□普通地方公共団体は、公の施設の設置の目的を効果的に達成するため必要があるときは、条例の定めるところにより、指定管理者（法人その他の団体でその普通地方公共団体が指定するもの）に、管理を行わせることができる。

□指定管理者制度の概要は、次のとおり。

　①条例に、指定の手続、管理の基準、業務の具体的範囲等を定める。

　②指定管理者の指定は、あらかじめ普通地方公共団体の議会の議決を経なければならず、また、期間を定めて行う。

　③指定管理者は、毎年度終了後、公の施設の管理の業務に関する事業報告書を作成し、普通地方公共団体に提出しなければならない。

　④指定管理者が管理する公の施設の利用料金は、普通地方公共団体が適当と認めるときは、その指定管理者の収入として収受させることができる。この場合の利用料金は、公益上必要があるときを除き、条例の定めるところにより、指定管理者が、普通地方公共団体の承認を受けた上で定める。

【問109】 関与の基本原則　　　重要度　★★

■**普通地方公共団体に対する国又は都道府県の関与に関して、正しいものはどれか。**

1　普通地方公共団体は、その事務の処理に関し、地方自治法又はこれに基づく政令によらなければ、普通地方公共団体に対する国又は都道府県の関与を受け、又は要することとされることはない。

2　普通地方公共団体に対する国又は都道府県の関与の原則は、普通地方公共団体がその固有の資格において行為の名宛人となるもののほか、民間等と同じ立場で行為の名宛人となるものに適用される。

3　国は、普通地方公共団体の事務のうち自治事務の処理に関しては、国又は都道府県の関与を受け、又は要することとする場合は、普通地方公共団体の自主性及び自立性に配慮しなければならない。

4　法定受託事務は、国又は都道府県においてその適正な処理を特に確保する必要がある事務であるから、それについての普通地方公共団体に対する国又は都道府県の関与は、目的達成に必要な限りで制限されない。

5　国は、普通地方公共団体の事務のうち自治事務の処理に関しては、国又は都道府県の関与のうち代執行を受け、又は要することとすることのないようにしなければならない。

【問109】 関与の基本原則　　　　　　　　　　　　　　　　正解：5

1：✕　普通地方公共団体に対する国又は都道府県の関与の法定主義（245条の2）は、法律又はこれに基づく政令によらなければならないが、法律は、地方自治法に限らない。

2：✕　普通地方公共団体に対する国又は都道府県の関与の原則は、普通地方公共団体が民間等と同じ立場で対象となる行為については適用されない（245条1項）。

3：✕　普通地方公共団体の自主性及び自立性に配慮しなければならないのは、自治事務に限られず、普通地方公共団体の事務一般に当てはまる（245条の3第1項）。

4：✕　法定受託事務についても、自治事務と同じく、国又は都道府県の関与は、その目的を達成するために必要な最小限度のものとしなければならない（245条の3第1項）。

5：◯　記述のとおり（245条の3第2項）。地方自治法には自治事務に関する代執行の規定がなく、他の法令でも同じである。

Point Check!

☐普通地方公共団体は、その事務の処理に関し、法律又はこれに基づく政令によらなければ、①国・都道府県の関与を受け、又は②国・都道府県の関与を要することとされない（法定主義）。

☐国・都道府県の関与を受け、又は要することとする場合は、①目的を達成するために必要な最小限度のものとするとともに、②普通地方公共団体の自主性及び自立性に配慮しなければならない（必要最小限度の原則）。

☐国又は都道府県の関与については、関与の類型ごとにその方式、基準、標準処理期間を定めるとともに、紛争処理の仕組みを制度化する（公正・透明の原則）。

【問110】 国又は都道府県の関与 （1）　　重要度　★★

■普通地方公共団体に対する国又は都道府県の関与に関して、
　正しいものはどれか。

1　法定受託事務も、自治事務も、普通地方公共団体の事務で
　ある以上、国又は都道府県の関与の類型については、違い
　は特に設けられていない。

2　普通地方公共団体に対する関与を行う国の行政機関には、
　国の府省のほか、会計検査院と内閣が含まれているが、国
　会と裁判所は含まれない。

3　各大臣は、その所管する法律又はこれに基づく政令に係る
　都道府県の法定受託事務に関する処理基準を定めることが
　できるが、その策定は、国による関与に該当しない。

4　普通地方公共団体との協議による関与は、国又は都道府県
　の施策と普通地方公共団体の施策との整合性を確保しなけ
　れば施策の実施に著しい支障が生ずると認められる場合に
　限られる。

5　国又は都道府県の普通地方公共団体に対する支出金の交付
　及び返還に関して助言又は勧告等の関与に該当する行為を
　する場合にも、関与に関する規定が適用になる。

【問110】 国又は都道府県の関与（1）　　　　正解：3

1 ：✘　関与の類型は、自治事務は①助言・勧告、②資料の提出の要求、③是正の要求、④協議の４つが、法定受託事務は①助言・勧告、②資料の提出の要求、③同意、④許可・認可・承認、⑤指示、⑥代執行、⑦協議の７つが原則である（245条の３）。

2 ：✘　会計検査院と内閣も含まれない（245条）。

3 ：○　処理基準（245条の９）は、一般的に定めるもので、具体的かつ個別的に関わる行為ではないことから、関与とは異なる。

4 ：✘　協議は、国又は都道府県の施策と普通地方公共団体の施策との間の調整が必要な場合に限られる（245条の３第３項）。

5 ：✘　国等の支出金の交付及び返還に係る行為は、関与の対象外とされている（245条）。

Point Check!

□法定受託事務の処理基準については、次のとおり。

　①各大臣は、都道府県の法定受託事務の処理について、事務処理基準（目的達成に必要な最小限のもの。以下同じ。）を定められる。

　②都道府県の執行機関は、市町村の法定受託事務の処理について、事務処理基準（③に抵触しないもの）を定められる。

　③各大臣は、特に必要があると認めるときは、市町村の第１号法定受託事務の処理について、事務処理基準を定められる。

　④各大臣は、都道府県の執行機関に対し、市町村の第１号法定受託事務の②の事務処理基準に関し、必要な指示ができる。

【問111】 国又は都道府県の関与 （2）

■普通地方公共団体に対する国又は都道府県の関与に関して、
　正しいものはどれか。

1　都道府県の執行機関の市町村に対する是正の要求は、市町
　村の自治事務の処理が法令の規定に違反しているとき、又
　は著しく適正を欠き、かつ、明らかに公益を害していると
　きに行う。

2　都道府県の執行機関の市町村に対する是正の勧告は、市町
　村の自治事務の処理が法令の規定に違反しているとき、又
　は著しく適正を欠き、かつ、明らかに公益を害していると
　きに、各大臣の指示を受けて行う。

3　都道府県の執行機関の市町村に対する是正の指示は、市町
　村の法定受託事務の処理が法令の規定に違反していると
　き、又は著しく適正を欠き、かつ、明らかに公益を害して
　いるときに行う。

4　各大臣は、その所管する法律又はこれに基づく政令に係る
　市町村の法定受託事務の処理について、都道府県の執行機
　関に対し、市町村に対する是正の指示に関し、必要な指示
　をすることができる。

5　各大臣は、市町村長の法定受託事務の管理・執行が法令の
　規定に違反する場合に、他の方法により是正を図ることが
　困難で、かつ、放置することにより著しく公益を害するこ
　とが明らかなときに代執行の措置を行うことができる。

【問111】 国又は都道府県の関与（2）　　　　　　　　　　正解：3

1：✕　都道府県の執行機関の市町村に対する是正の要求は、①各大臣の指示を受けて、市町村の自治事務のほか、第2号法定受託事務について行う（245条の5第2・3項）。また、②都道府県の自治事務を条例による事務処理の特例（252条の17の2）によって市町村が処理する場合には、各大臣の指示がなくても行う（252条の17の4第1項）。

2：✕　都道府県の執行機関の市町村に対する是正の勧告は、各大臣の指示を受けることなく行う（245条の6）。これに対し、是正の要求は、各大臣の指示がある場合に行われる（245条の5第2・3項）。

3：○　記述のとおり（245条の7第2項）。

4：✕　各大臣が、都道府県の執行機関が市町村に対して行う是正の指示に関する指示を行うことができるのは、第1号法定受託事務に関してだけである（245条の7第3項）。

5：✕　市町村長の法定受託事務に対する代執行は、都道府県知事が行う。各大臣は、市町村長の第1号法定受託事務の管理又は執行についての代執行の措置に関し、都道府県知事に対し、必要な指示ができる（245条の8第12・13項）。

Point Check!

□地方自治法を根拠として可能な関与は、次のとおり。
　①自治事務＝ⅰ技術的な助言・勧告及び資料の提出の要求、ⅱ是正の要求、ⅲ是正の勧告
　②法定受託事務＝ⅰ技術的な助言・勧告及び資料の提出の要求、ⅳ是正の指示、ⅴ代執行
□①ⅰ～ⅲ及び②ⅰ・ⅳ・ⅴについて、それぞれの関与の方法が定められている。

【問112】 国又は都道府県の関与の手続 　　重要度 ★★

■**普通地方公共団体に対する国又は都道府県の関与に関して、正しいものはどれか。**

1　助言、勧告その他これらに類する行為を行った国の行政機関は、普通地方公共団体から、当該助言等の趣旨及び内容を記載した書面の交付を求められたとしても、これに応じる法律上の義務はない。

2　国の行政機関は、普通地方公共団体に対し、是正の要求、指示その他これらに類する行為をするときは、当該行為をした後相当の期間内に当該是正の要求等の内容及び理由を記載した書面を交付しなければならない。

3　普通地方公共団体から国の行政機関又は都道府県の機関に対して協議の申出があったときは、国の行政機関又は都道府県の機関及び普通地方公共団体は、相当の期間内に当該協議を調えなければならない。

4　国の行政機関又は都道府県の機関は、普通地方公共団体からの法令に基づく申請等について許認可等の適否を法令に従い判断するために必要な基準を定め、かつ、行政上特別の支障があるときを除き、公表しなければならない。

5　普通地方公共団体から国の行政機関又は都道府県の機関への届出がなされた場合には、国の行政機関又は都道府県の機関が当該届出の受理をしたときに届出の効果が生じる。

【問112】 国又は都道府県の関与の手続　　　　　　　　正解：4

1：✖　助言等のうち、①その場で完了する行為を求めるもの、②既に書面により通知している事項と同一内容のものを除き、書面を交付する義務がある（247条1・2項）。

2：✖　是正の要求等と同時に書面を交付するのが原則であり、相当の期間内に交付するのは、是正の要求等をする差し迫った必要がある場合である（249条）。

3：✖　協議が調うよう努めなければならない（250条1項）。

4：◯　記述のとおり（250条の2第1項）。

5：✖　届出は、その形式上の要件に適合している場合には、提出先の機関の事務所に到達したときに、届出がされたことになる（250条の5）。

 Point Check!

□国又は都道府県の関与等の手続は、次のとおり。

①助言・勧告＝ⅰ書面の交付（交付を求められたとき）。ⅱ従わない場合の不利益な取扱いの禁止。

②資料の提出の要求＝書面の交付（交付を求められたとき）。

③是正の要求等＝書面の交付（是正の要求等と同時の交付が原則。不交付の場合でも、相当期間内に交付）。

④協議＝ⅰ誠実に協議し、相当期間内に処理（努力義務）。ⅱ意見に関する書面の交付（交付を求められたとき）。

⑤許認可等＝ⅰ基準の設定・公表。ⅱ許認可等の取消し等の基準の設定・公表（努力義務）。ⅲ許認可等の標準処理期間の設定・公表（努力義務）。

⑥届出＝届出が提出先に到達したときに届出が完了。

⑦国の行政機関が自治事務と同一事務を自らの権限で処理する場合＝事務処理の内容・理由の通知。

【問113】 国と地方公共団体の紛争処理　　重要度　★★

■国と地方公共団体の紛争処理に関して、正しいものはどれか。

1　普通地方公共団体の執行機関は、普通地方公共団体に対する国の関与のうち是正の要求、許可の拒否、代執行その他の処分に不服があるときは、国地方係争処理委員会に対し、審査の申出をすることができる。

2　普通地方公共団体の執行機関は、国の行政庁が普通地方公共団体のした申請に対して相当の期間内に許可の処分をしない場合など、国の不作為に対する不服については、国地方係争処理委員会に審査の申出をすることができない。

3　普通地方公共団体の執行機関は、国の関与について国地方係争処理委員会に審査の申出をしようとするときは、相手方となるべき国の行政庁に対し、その旨をあらかじめ通知しなければならない。

4　国地方係争処理委員会は、法定受託事務に関する国の関与のうち公権力の行使に当たる行為に対して審査の申出があったときは、それが違法か、また、普通地方公共団体の自主性・自立性を尊重する観点から不当かを審査する。

5　国地方係争処理委員会は、審査の申出があった場合において、当事者のいずれかから調停案を作成するよう申立てがあり、これを相当であると認めるときは、調停案を作成して、その受諾を勧告することができる。

【問113】 国と地方公共団体の紛争処理　　　　　　　　正解：3

1：✕　審査の申出が可能な「その他公権力の行使に当たる」国の関
　　与から、代執行手続における一定の指示及び代執行行為は、除外さ
　　れている（250条の13第1項）。

2：✕　不作為（国の行政庁が、申請等につき、相当の期間内に許可
　　等の処分その他公権力の行使に当たるものをすべきにかかわらず、
　　これをしないこと）も審査の申出の対象となる（250条の13第2項）。

3：〇　記述のとおり（250条の13第7項）。

4：✕　法定受託事務への関与の審査は、違法かどうかについて行う
　　（250条の14第2項）。不当かどうかの審査をも行うのは、自治事務
　　への関与の場合である（250条の14第1項）。

5：✕　調停案の作成は、職権で行われる（250条の19第1項）。

Point Check!

□国地方係争処理委員会＝①総務省に設置される「8条機関」。②普
　通地方公共団体に対する国又は都道府県の関与のうち国の行政機関
　が行うものに関する審査の申出を処理。③総務大臣が、両議院の同
　意を得て委員5人を任命。④委員は、非常勤が原則だが、2人以内
　は常勤とすることができる。

□委員会への審査の申出は、長その他の執行機関が、国の行政庁を相
　手方として、文書で行う。

□委員会の審査対象は、①国の関与のうち公権力の行使に当たるもの
　（代執行に関する指示、代執行を除く。）、②国の不作為、③法令に
　基づく国との協議。委員会は、審査を行い、①・②は、通知・公表
　又は必要な措置の勧告・通知・公表を、③は、審査の結果の通知・
　公表をする。

【問114】 地方公共団体間等の紛争処理　　　重要度　★★

■地方公共団体間等の紛争処理に関して、正しいものはどれか。

1　自治紛争処理委員は、普通地方公共団体相互間又は普通地方公共団体の機関相互間に紛争があるときに、総務大臣が、当事者の申請に基づき又は職権により、紛争の解決のために任命し、調停に付する。

2　自治紛争処理委員は、各大臣からの指示を受けて都道府県の執行機関が行った市町村に対する是正の要求に対する不服の申出を受けて、これを審査する。

3　自治紛争処理委員は、紛争について調停による解決の見込みがないと認めるときは、総務大臣又は都道府県知事の同意の有無を問わず、調停を打ち切り、事件の要点及び調停の経過を公表することができる。

4　自治紛争処理委員は、国地方係争処理委員会と異なり、委員会を構成するわけではないから、普通地方公共団体相互間等の紛争に関する処理に当たって合議が必要とされることはない。

5　自治紛争処理委員が行った普通地方公共団体相互間又は普通地方公共団体の機関相互間の紛争に対する調停に不服があるときは、高等裁判所に対し、訴えをもってその取消しを求めることができる。

【問114】 地方公共団体間等の紛争処理　　　　　正解：2

1：✕　自治紛争処理委員は、都道府県又は都道府県の機関が当事者となるものにあっては総務大臣、その他のものにあっては都道府県知事が任命する（251条の2第1項）。

2：○　都道府県の執行機関に対する各大臣からの指示（245条の5第2項）を受けて行う是正の要求（同条3項）は、都道府県の執行機関が国の下部機関として行うものではなく、主体的に判断して行うものである。したがって、係争の当事者は、あくまで都道府県と市町村であり、自治紛争処理委員の審査の対象となる（251条1項）。

3：✕　調停を打ち切るには、総務大臣又は都道府県知事の同意が必要とされる（251条の2第5項）。

4：✕　調停案の作成・その要旨の公表等、都道府県の関与の審査に係る決定・勧告の決定等については、合議による（251条の2第10項、251条の3第15項等）。

5：✕　自治紛争処理委員が行う調停は、委員が調停案を作成して、これを当事者に示してその受諾を勧告し、当事者の全てが受託したときに成立するから（251条の2第3・7項）、取消しを求める訴訟の対象とはならない。

Point Check!

☐自治紛争処理委員＝3人とし、事件ごとに、総務大臣又は都道府県知事がそれぞれ任命。

☐自治紛争処理委員は、①地方公共団体の相互間又はその機関相互間の紛争の調停、②都道府県の機関が行う市町村に対する関与の審査、③連携協約に係る紛争を処理するための方策の提示、④地方自治法の規定による審査請求等に係る審理を行う。

【問115】 普通地方公共団体相互間の協力 （1） 　重要度　★★

■普通地方公共団体相互間の協力に関して、正しいものはどれ
　か。

1　普通地方公共団体が他の普通地方公共団体と連携して事務
　を処理するに当たっての連携協約の締結は、それぞれの発
　意に委ねられており、総務大臣又は都道府県知事から締結
　するよう勧告をされることはない。

2　連携協約は、連携する事務を処理するに当たっての基本方
　針を定めたものであり、連携協約を締結した普通地方公共
　団体は、その連携協約に基づいて何らかの措置を執るよう
　にする必要はない。

3　普通地方公共団体の協議会を設置することができるのは、
　普通地方公共団体の事務の一部を共同して管理・執行する
　場合又は普通地方公共団体の事務の管理・執行について連
　絡調整を図る場合である。

4　普通地方公共団体は、協議により規約を定め、協議会を設
　けることができるが、その規約を定める協議については、
　関係普通地方公共団体の議会の議決を経なければならない。

5　普通地方公共団体の協議会が関係普通地方公共団体又はそ
　の長その他の執行機関の名においてした事務の管理・執行
　は、関係普通地方公共団体の長その他の執行機関が管理・
　執行したものとしての効力を有する。

【問115】 普通地方公共団体相互間の協力 （1）　　　　　正解：5

1：✕　公益上必要がある場合には、都道府県が締結するものは総務大臣、その他のものは都道府県知事は、連携協約の締結の勧告が可能（252条の2第5項）。

2：✕　連携協約には役割分担も定められており、これを締結した普通地方公共団体は、連携協約に基づき、分担すべき役割を果たすため必要な措置を執るようにしなければならない（252条の2第6項）。

3：✕　普通地方公共団体の協議会は、記述の目的のほか、広域にわたる総合的な計画を共同して作成するために設けることができる（252条の2の2第1項）。

4：✕　事務の管理・執行の連絡調整を図る協議会の規約については、議会の議決は不要である（252条の2の2第3項）。

5：◯　記述のとおり（252条の5）。

Point Check!

□普通地方公共団体は、他の普通地方公共団体との連携を図るため、協議（議会の議決を経る。）により、連携協約を締結することができる。①これを締結した普通地方公共団体は、分担すべき役割を果たすため必要な措置を執らねばならず、②連携協約に係る紛争があるときは、自治紛争処理委員による紛争処理のための方策の提示を求めることができる。

□普通地方公共団体は、協議により規約を定め、①事務の一部の共同管理・執行、②事務の管理・執行の連絡調整、③広域の総合的計画の共同作成のための協議会を設けることができる。②のものを除き、協議には議会の議決を経る。

□連携協約を締結又は協議会を設置したときは、告示するとともに、総務大臣又は都道府県知事に届出する。

【問116】 普通地方公共団体相互間の協力（2）　　重要度　★★

■普通地方公共団体相互間の協力に関して、正しいものはどれか。

1　普通地方公共団体の協議会は、法人格を有し、必要があると認めるときは、関係のある公の機関の長に対し、資料の提出、意見の開陳、説明その他必要な協力を求めることができる。

2　普通地方公共団体の協議会は、会長及び委員をもって組織し、会長及び委員は、関係普通地方公共団体の議会でこれを選挙し、規約の定めるところにより常勤又は非常勤とする。

3　普通地方公共団体の協議会の廃止は、関係する地方公共団体が、都道府県の加入するものにあっては総務大臣、その他のものにあっては都道府県知事に共同して届出を行うことによってその効力を生ずる。

4　普通地方公共団体は、協議により規約を定め、共同して、普通地方公共団体の議会、長、委員会若しくは委員又は普通地方公共団体の議会、長、委員会若しくは委員の事務を補助する職員を置くことができる。

5　機関等の共同設置をした普通地方公共団体は、その議会の議決を経て、脱退する日の2年前までに他の全ての関係普通地方公共団体に書面で予告をすることにより、共同設置から脱退することができる。

【問116】 普通地方公共団体相互間の協力 （2）　　　　　正解：5

1 ：✖　協議会には法人格はないが、記述の権限は有している（252条の2の2第6項）。

2 ：✖　会長及び委員は、関係普通地方公共団体の職員のうちから選任される（252条の3第2項）。

3 ：✖　協議会の廃止は、設置の手続の例によることとされており（252条の6）、届出は、廃止の効力発生要件ではない。

4 ：✖　議会や長を共同設置することはできず（252条の7）、公安委員会も共同設置の対象から除かれる（施行令174条の19）。

5 ：〇　記述のとおり（252条の7の2）。

Point Check!

□普通地方公共団体は、協議により規約を定め、共同して、①議会事務局、②委員会（公安委員会を除く。）・委員、③附属機関、④個別出先機関、⑤長の内部組織、⑥委員会事務局、⑦議会・長・委員会等の補助職員、⑧専門委員、⑨監査専門委員を置ける（機関等の共同設置）。

□共同設置する機関で、議会が選挙すべきもの又は議会の同意を得て長が選任すべきものは、①規約で定める議会が選挙等をすべきものとすること、又は②関係普通地方公共団体の長が協議により定めた共通の候補者について全ての議会が選挙等をすべきものとすることのいずれかの方法による。①の方法によるときは、選挙等をすべきものとされた普通地方公共団体の職員とみなし、②の方法によるときは、規約で定める普通地方公共団体の職員とみなす。

□共同設置する委員会・委員等は、その機関の権限に属する事務の管理・執行に関する法令、条例、規則その他の規程の適用については、関係地方公共団体の委員会・委員等とみなす。

【問117】 普通地方公共団体相互間の協力 （3） 重要度 ★★

■普通地方公共団体相互間の協力に関して、正しいものはどれ
か。

1 普通地方公共団体の事務を他の普通地方公共団体に委託し
た場合は、委託を受けた普通地方公共団体の委託事務の管
理・執行に関する条例等は、原則として、委託した普通地
方公共団体の条例等としての効力を有する。

2 普通地方公共団体の事務の一部の委託には、協議により規
約を定め、この協議について議会の議決が必要となるが、
普通地方公共団体の相互の間の委託関係に過ぎないため、
総務大臣又は都道府県知事に届出をする必要はない。

3 普通地方公共団体の長又は委員会・委員からの求めに応じ
て他の普通地方公共団体に派遣された職員は、派遣を受け
た普通地方公共団体の職員の身分を併有し、派遣を受けた
普通地方公共団体の職員に関する法令が適用される。

4 普通地方公共団体の委員会・委員が他の普通地方公共団体
の委員会・委員に対して、当該他の普通地方公共団体の職
員の派遣を求める場合には、あらかじめ、普通地方公共団
体の長に届け出なければならない。

5 普通地方公共団体が、事務の代替執行に関する規約に基づ
き、他の普通地方公共団体の長の名において事務の管理・
執行をしたときは、その旨の通知がなければ、当該他の普
通地方公共団体にその効力は帰属しない。

【問117】 普通地方公共団体相互間の協力（3）　　　　　正解：1

1：○　記述のとおり（252条の16）。このため、委託元の住民に対し、適用となる条例、規則等を周知する必要がある。

2：×　事務の委託には、協議会の設置の手続の規定が準用されており（252条の14第3項）、議会の議決と総務大臣又は都道府県知事への届出が必要とされている。

3：×　他の普通地方公共団体に派遣された職員の身分取扱いに関しては、職員の派遣をした普通地方公共団体の職員に関する法令の規定の適用がある（252条の17第4項）。ただし、地方公務員法等について、政令で特別の定めがある。

4：×　長に協議しなければならない（252条の17第3項）。

5：×　当該他の普通地方公共団体に代替執行の効力が生ずることについて、通知は要件とされていない（252条の16の4）。

Point Check!

□普通地方公共団体は、協議により規約を定め、普通地方公共団体の事務の一部を、他の普通地方公共団体に委託できる（事務の委託）。委託を受けた普通地方公共団体の長又は同種の委員会・委員は、これを自己の名において管理・執行する。

□普通地方公共団体は、他の普通地方公共団体の求めに応じて、協議により規約を定め、当該他の普通地方公共団体の事務の一部を、当該他の普通地方公共団体又はその長若しくは同種の委員会・委員の名において管理・執行できる（事務の代替執行）。

□普通地方公共団体の長又は委員会・委員は、法律に定めがあるものを除き、その普通地方公共団体の事務処理のため特別の必要があるときは、他の普通地方公共団体の長又は委員会・委員に対し、その職員の派遣を求めることができる（職員の派遣）。

【問118】 条例による事務処理の特例

重要度　★

■条例による事務処理の特例に関して、正しいものはどれか。

1　都道府県は、都道府県知事又は都道府県の委員会若しくは委員の権限に属する事務の一部を、条例の定めるところにより、市町村が処理することとすることができる。

2　条例による事務処理の特例により市町村が事務を処理することができるのは、都道府県の自治事務であり、法定受託事務は、個別の法令に市町村が処理することができる旨の規定がある場合に限られる。

3　市町村長が、議会の議決を経て、都道府県知事に対し条例による事務処理の特例を設けるよう要請したときは、都道府県知事は、当該市町村長と協議しなければならない。

4　条例による事務処理の特例により法令に根拠のある都道府県の事務を市町村が処理する場合は、その事務について都道府県の条例が定められている場合には、これに基づいて処理しなければならない。

5　条例による事務処理の特例により市町村が都道府県の自治事務を処理する場合であっても、都道府県の執行機関は、各大臣の指示がなければ、その事務の処理について是正の要求をすることができない。